Giorgio Motta

EIN TOLLES TEAM A2.1

Deutsch für Jugendliche
Deutsch als Fremdsprache

KURSBUCH
PLUS INTERAKTIVE VERSION

HUEBER VERLAG

Für die hilfreichen Hinweise und die fachliche Beratung
danken wir Beata Ćwikowska, Wrocław.

3. 2. 1. | Die letzten Ziffern
2028 27 26 25 24 | bezeichnen Zahl und Jahr des Druckes.
Alle Drucke dieser Auflage können, da unverändert,
nebeneinander benutzt werden.
1. Auflage

Umschlaggestaltung: Sieveking Agentur, München
Layout und Satz: Sieveking Agentur, München
Verlagsredaktion: Anne-Kathrein Schiffer, Hueber Verlag, München; Marion Kerner, München
Druck und Bindung: Passavia Druckservice GmbH & Co. KG, Passau
Printed in Germany
ISBN 978-3-19-201810-7

Art. 530_28388_001_01

Wegweiser

LEKTIONEN

A-, B- und C-Seiten
Jede der vier Lektionen hat einen **motivierenden thematischen Rahmen** und ist in die **Abschnitte A, B** und **C** unterteilt. In diesen Abschnitten wird der neue Lernstoff eingeführt und eingeübt.

Die Protagonisten
Die **jugendlichen Protagonistinnen und Protagonisten** begleiten die Lernenden durch die Lektionen. **Alltagsnahe Themen und Geschichten** wecken Neugier und schaffen Erfolgserlebnisse.

Hörverweis
Das Audio-Pikto mit der angegebenen Tracknummer verweist auf den Hörtext zu dieser Aufgabe.

Grammatik- und Redemittelkästen
Die **Hinweise zur Grammatik und zu Redemitteln** fassen die Inhalte übersichtlich und anschaulich zusammen.

Verweis auf Arbeitsbuch
Passende Übungen finden Sie im Arbeitsbuch auf den angegebenen Seiten.

Das kann ich schon
Wortschatz und Redemittel werden kompakt und übersichtlich dargestellt.

Landeskunde
Diese Rubrik bietet interessante Informationen und abwechslungsreiche Übungen zum **Alltag in den deutschsprachigen Ländern**.

Wegweiser

Projekt
In den **Projekten** kann das Gelernte sofort kreativ umgesetzt werden.

Aussprache
Übungen zur **Aussprache und Betonung** auf Wort- und Satzebene.

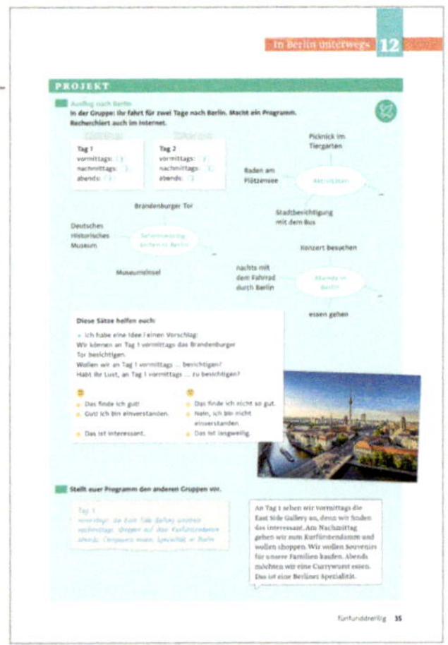

Grammatik auf einen Blick
Die Grammatikübersicht am Lektionsende bietet eine **Zusammenfassung der wichtigsten Strukturen**. Dazu gibt es passende **Übungen**.

Wiederholung
Strukturen, die bereits bekannt sind, werden systematisch wiederholt und gefestigt.

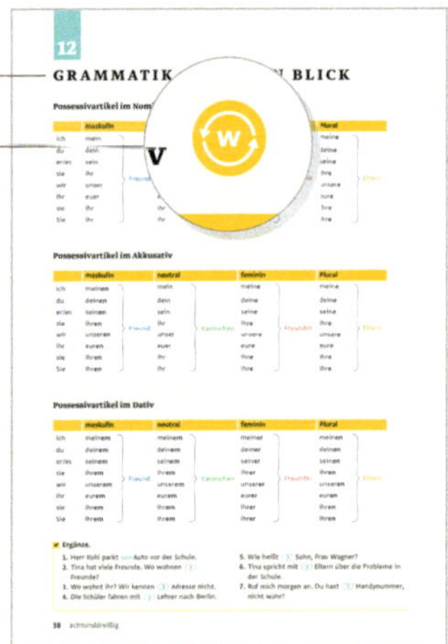

Training
Im **Fertigkeitentraining** werden die rezeptiven und produktiven Fertigkeiten trainiert und erweitert. Das dient auch der Prüfungsvorbereitung.

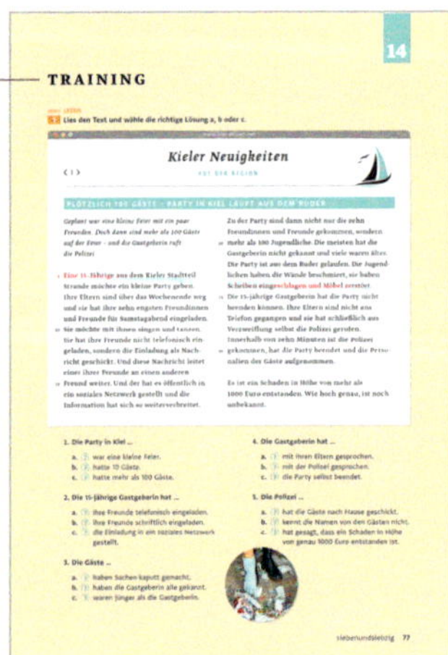

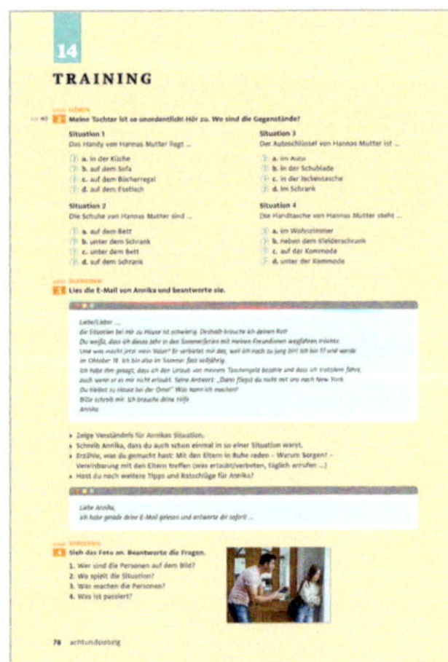

Videos

Jede Lektion schließt mit einem **Film** ab, der ein Alltagsthema passend zur Lektion präsentiert und vertieft.

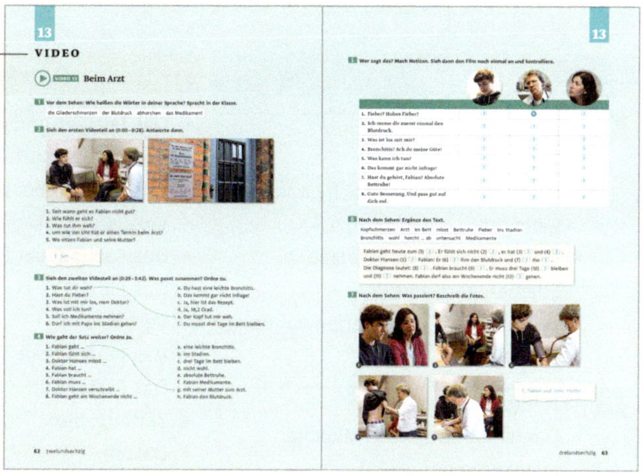

ANHANG

Grammatikübersicht

Übersichtliche Zusammenfassung der wichtigsten grammatischen Strukturen.

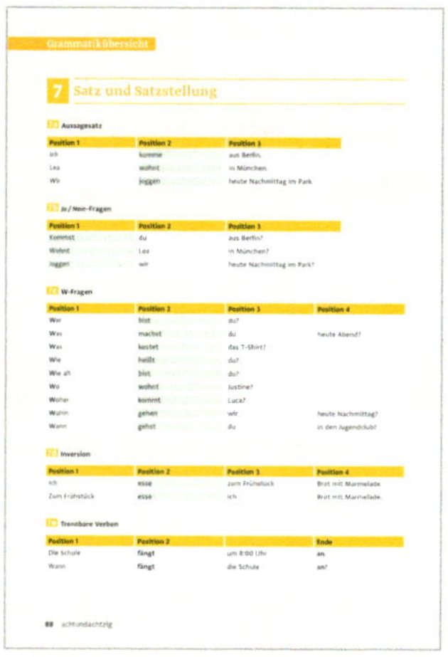

UNTERRICHTEN UND LERNEN WIE UND WO MAN WILL

EIN TOLLES TEAM – digital als interaktive Version online und offline

- Alle digitalen Elemente kann man direkt mit dem integrierten Player abspielen: Hörtexte, Filme, interaktive Übungen.
- Die Aufgaben im Buch stehen interaktiv mit Lösungsanzeige zur Verfügung.
- Mit der *Hueber interaktiv App* kann man die interaktive Version auch offline nutzen und auf viele Materialien des Lehrwerks mit dem Smartphone zugreifen.
- Werkzeuge wie Marker, Kommentar, Lupe und Vollbildmodus sind integriert und helfen beim Lernen in der Klasse und zu Hause.

Der Startcode für die interaktive Version steht auf der vorderen Umschlagseite unter der Landkarte.

Inhalt

Inhalt

11 Das habe ich erlebt!

A Was habt ihr im Sommer gemacht?

1 **Lies die Texte. Ergänze dann die Tabelle in deinem Heft.**

Sami

Ich bin im Sommer mit Papa nach Istanbul geflogen, denn dort leben einige Verwandte von uns. Wir haben in der Wohnung von Tante Ayla und Cousin Mesut gewohnt. Mesut und ich haben tagsüber immer etwas zusammen gemacht. Wir sind durch Istanbul gegangen und ich habe viele Sehenswürdigkeiten fotografiert: die Blaue Moschee, die Hagia Sophia, die Galatabrücke ... Wir haben auch Freunde von Mesut getroffen, sind ins Kino gegangen und haben eine Bootstour auf dem Bosporus gemacht. Abends haben unsere Verwandten für Papa und mich gekocht und wir haben wahnsinnig viel gegessen. Das Essen in der Türkei ist super!

Lea

Im Sommer habe ich einen Badeurlaub in Spanien, in Alicante, gemacht. Wir, also meine Mutter, meine Schwester Emily und ich, haben in einem Hotel direkt am Meer gewohnt. Der Urlaub war toll! Ich habe jeden Tag im Meer gebadet, ich habe Tennis gespielt und habe Serien gesehen. Mit Emily war es ein bisschen langweilig. Sie hat den ganzen Tag Nachrichten an ihren Freund geschrieben.

Viktoria

Zusammen mit den anderen Schülerinnen und Schülern aus der Klasse bin ich nach Verona gefahren. In Verona ist nämlich unsere italienische Partnerklasse. Wir sind eine Woche dort geblieben und haben in Gastfamilien gewohnt. Vormittags sind wir in die italienische Schule gegangen, nachmittags haben wir Ausflüge gemacht oder sind in die Stadt gegangen. Wir haben viel gesehen, haben viel gelernt und haben viel Italienisch gesprochen. Wir hatten wirklich viel Spaß. Ich freue mich schon total, wenn die Partnerklasse uns im Herbst hier in Reutte besucht.

Hanna

Meine Mutter und ich sind im Sommer zu meiner Oma nach Augsburg gefahren. Oma wohnt dort in einem Seniorenheim. Wir haben in einer Ferienwohnung gewohnt, weil sie nicht viel Platz hat. Wir sind jeden Tag zu meiner Oma gegangen, wir haben viel geredet, haben zusammen Kuchen gegessen und Karten gespielt. Oma hat sich immer sehr gefreut, wenn wir da waren. Und Mama und ich waren auch glücklich. Endlich hatten wir mal wieder so richtig viel Zeit zusammen.

Wer?	Mit wem?	Wohin?	Wo gewohnt?
Sami	*Papa*	*Istanbul*	*Wohnung von Tante und Cousin*
Lea	?	?	?
Viktoria	?	?	?
Hanna	?	?	?

2 Lies die Texte auf Seite 8 noch einmal. Wer hat das gemacht? Ergänze.

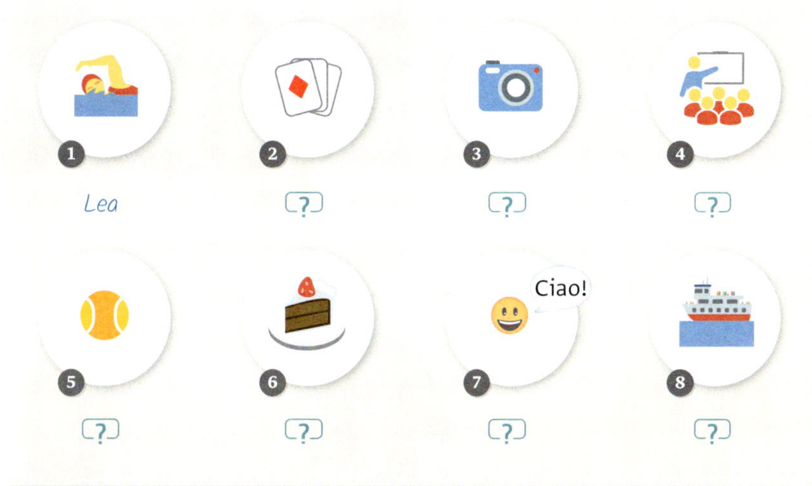

3 Perfekt. Such die Formen in den Texten auf Seite 8.
Ergänze wie im Beispiel.

baden → *habe gebadet*	sich freuen → ?	schreiben → ?
bleiben → *sind geblieben*	gehen → ?	sehen → ?
essen → ?	kochen → ?	spielen → ?
fahren → ?	lernen → ?	sprechen → ?
fliegen → ?	machen → ?	treffen → ?
fotografieren → ?	reden → ?	wohnen → ?

Perfekt: *haben/sein* + Partizip

Sami **hat** eine Bootstour **gemacht**.
Viktoria **ist** nach Verona **gefahren**.

machen	→ **hat** ge**macht**
baden	→ **hat** ge**badet**
fahren	→ **ist** ge**fahren**
fliegen	→ **ist** ge**flogen**
fotografieren	→ **hat** fotograf**iert**

4 Mach eine Tabelle mit den Verben aus Aufgabe 3.
Ergänze wie im Beispiel.

Partizip auf *-t*	Partizip auf *-en*
hat gebadet	*ist geblieben*

haben	**sein**
ich **habe gehabt**	ich **bin gewesen**
Meist:	
ich **hatte**	ich **war**
Wir **hatten** viel Zeit.	Der Urlaub **war** toll.

5 Spielt Dialoge wie in den Beispielen.

1. ◆ Wer ist nach Istanbul geflogen?
   ○ Sami ist nach Istanbul geflogen.

2. ◆ Wer hat im Meer gebadet?
   ○ Lea hat im Meer gebadet.

6 In der Gruppe: Jede/Jeder liest einen Text aus Aufgabe 1 noch einmal. Dann macht die Bücher zu und erzählt: Was ist passiert?

Sami ist nach Istanbul geflogen. Sein Vater und er haben in der Wohnung von Tante Ayla gewohnt. …

7 **Macht eine Kettenübung.**
Was hast du am Wochenende gemacht?

- Ich bin zu Hause geblieben und habe gelernt. Und du?
- Ich bin ins Kino gegangen.
- Ich habe Freunde getroffen.

001 **8** **Wie war es im Urlaub? Hör zu und ergänze die Tabelle.**

	Felix	Tina	Sara
Wo/Wohin?	*Österreich*	?	?
Wann?	*im Sommer / im August*	?	?
Wie lange?	*eine Woche*	?	?
Mit wem?	*mit Eltern und Bruder*	?	?
Wie war es?	☹	?	?

001 **9** **Hör noch einmal und ordne zu.**

1. Felix
2. Tina
3. Sara

a. hat gebadet.
b. ist gewandert.
c. ist geklettert.
d. hat ein Abendprogramm organisiert.
e. hat lange geschlafen.
f. hat Kaffee getrunken und Kuchen gegessen.
g. hat gelesen.
h. hat viel Englisch gesprochen.
i. ist in die Disco gegangen.
j. hat gedacht: Was für ein langweiliger Urlaub!
k. ist in Museen gegangen.

Perfekt: denken
⚠ hat **gedacht**

10 **Eine E-Mail schreiben: dein letzter Urlaub / dein letzter Ausflug. Mach zuerst Notizen. Schreib dann eine E-Mail an deine Partnerin / deinen Partner.**

Wo warst du?	*in der Schweiz*
Wann?	*im Juli*
Mit wem?	?
Wie lange?	?
Wo gewohnt?	?
Was gemacht?	?

Liebe / Lieber ...,
ich war im Juli in der Schweiz. Ich bin mit ...

Viele Grüße
...

11 **Lies die E-Mail von deiner Partnerin / deinem Partner. Ist alles richtig? Findest du Fehler?**

→ AB S. 6-9

B Ich hatte einen Unfall

12 **Welcher Text passt zu welchem Foto? Ordne zu.**

1 e

2 ?

3 ?

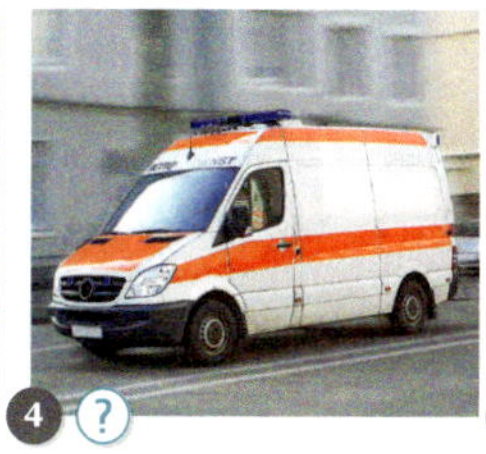
4 ?

5 ?

a. Die beiden sind zusammengestoßen. Daniel ist gestürzt und hat sich verletzt. Der andere Skater hatte Glück. Er hat sich nicht wehgetan. Er ist aufgestanden und hat Hilfe geholt.

b. Kiki hat Daniels Eltern angerufen und hat ihnen alles erzählt. Die Eltern sind sofort ins Krankenhaus gefahren und haben Daniel besucht. Zum Glück war er schon wieder ganz fröhlich!

c. Auf dem Skateplatz waren sehr viele Jugendliche. Daniel und Kiki sind geskatet und plötzlich ist etwas Schlimmes passiert: Daniel hat einen anderen Skater nicht gesehen.

d. Nach 15 Minuten war der Krankenwagen da und hat Daniel ins Krankenhaus gebracht. Dort hat man sich gut um ihn gekümmert.

e. Daniel und Kiki waren am Wochenende mit Freunden zum Skaten in München verabredet. Daniel hat den Wecker nicht gehört und hat verschlafen. Die beiden haben natürlich den Zug verpasst und sind eine Stunde zu spät in München angekommen.

13 **Lies die Texte noch einmal. Ist das richtig (R) oder falsch (F)?**

		R	F
1.	Daniel und Kiki waren am Montag zum Skaten verabredet.	?	⊗
2.	Sie sind pünktlich in München angekommen.	?	?
3.	Es war sehr voll auf dem Skateplatz.	?	?
4.	Daniel ist mit einem anderen Skater zusammengestoßen.	?	?
5.	Daniel hat sich nicht wehgetan.	?	?
6.	Kiki hat Hilfe geholt.	?	?
7.	Der andere Skater hat Daniel ins Krankenhaus gebracht.	?	?
8.	Im Krankenhaus hat man sich um Daniel gekümmert.	?	?
9.	Kiki hat Daniels Eltern angerufen und sie über den Unfall informiert.	?	?
10.	Kiki hat Daniel im Krankenhaus besucht.	?	?

Perfekt: trennbare Verben

Kiki **hat** Daniels Eltern **angerufen**.

anrufen → hat angerufen
aufstehen → ist aufgestanden

Perfekt: nicht-trennbare Verben

Die Eltern **haben** Daniel **besucht**.

besuchen → hat besucht
erzählen → hat erzählt
verschlafen → hat verschlafen

11 Das habe ich erlebt!

14 **Lies Kikis E-Mail an ihre Freundin. Ergänze die Verben wie im Beispiel.**

bringen | fahren | ankommen | rufen | besuchen | zusammenstoßen | ~~passieren~~ | verschlafen | anrufen | wehtun | fahren | verpassen | sehen | stürzen | passieren

Liebe Samira,

am Wochenende (1) ist echt etwas Schlimmes passiert! Daniel und ich (2) ? zum Skaten nach München ?. Natürlich (3) ? wir viel zu spät in München ?, denn Daniel (4) ? wieder mal ? und wir (5) ? den Zug ? ...
Auf dem Skateplatz war es furchtbar voll, es waren viel zu viele Leute da. Und dann (6) ? Daniel einen anderen Skater nicht ? und (7) ? mit ihm ?. Stell dir vor, Daniel (8) ? ? und (9) ? sich ?!
Dem anderen Skater (10) ? zum Glück nichts ? und er (11) ? gleich einen Krankenwagen ?.
Der Krankenwagen (12) ? Daniel ins Krankenhaus ?.
Ich (13) ? in der Zwischenzeit Daniels Eltern ?. Sie (14) ? sofort ins Krankenhaus ? und (15) ? Daniel dort ?. Zum Glück war er schon wieder ganz fröhlich! Das war ein Tag! 😢

Liebe Grüße
Kiki

15 **Luisa, wo warst du hier? Spielt Dialoge wie im Beispiel.**

1 Luisa, wo warst du hier?
3 Wann war das?
5 Was hast du gemacht?
7 Hattest du Spaß?

2 Ich war in Hamburg.
4 Das war 2023.
6 Ich habe den Fischmarkt besucht.
8 Ja, ich hatte viel Spaß. 😀 / Nein, ich hatte keinen Spaß. 🙁

1. Paris – 2020 – Freundin besuchen 😀
2. im Tennisclub – 2019 – das Tennisturnier gewinnen 😀
3. auf dem Fußballplatz – 2020 – gegen eine andere Mannschaft spielen und verlieren 🙁
4. Linz – 2021 – alte Freunde wiedersehen 😀
5. Rom – 2022 – die Stadt besichtigen 🙁
6. am Strand an der Ostsee – 2023 – baden und viele neue Leute kennenlernen 😀

16 **Zu zweit: Zeig deiner Partnerin / deinem Partner zwei Fotos. Sprecht darüber.**

1 Wo warst du hier?
2 Ich war in Österreich.
3 Wann war das?
4 Das war 2022.
5 Was hast du gemacht?
6 Ich bin gewandert und ...

→ AB S. 9-12

C Du warst gestern nicht da!

002 **17 Hör zu und bring die Sätze in die richtige Reihenfolge.**

- (?) ◆ Ja, ich habe am 12. April Geburtstag. Das weißt du doch!
- (?) ○ Kann sein, aber ich habe sie nicht bekommen.
- (1) ◆ Ich hatte gestern Geburtstag. Ich habe eine Party gegeben, aber du warst nicht da.
- (?) ○ Natürlich weiß ich das, aber ich habe keine Einladung bekommen!
- (?) ◆ Du hast gestern deine Geburtstagsparty gegeben?
- (?) ○ Komisch! Ich habe dir letzte Woche die Einladung per E-Mail geschickt.

002 **18 Hör den Dialog noch einmal. Ist das richtig (R) oder falsch (F)?**

	R	F
1. Hanna hat vorgestern eine Geburtstagsparty gegeben.	(?)	(?)
2. Lea war auch auf der Party.	(?)	(?)
3. Hanna hat Lea letzte Woche die Einladung geschickt.	(?)	(?)
4. Lea hat die Einladung bekommen, aber sie hatte gestern keine Zeit.	(?)	(?)

19 Wann war das? Lies die Beispiele und ergänze die Wochentage.

Juni 2023	Juni 2023	Juni 2023	Juni 2023	Juni 2023	Mai 2023	Juni 2022
15.	14.	13.	8.	5.	15.	15.
DONNERSTAG	*Mittwoch*	(?)	(?)	(?)	MONTAG	MITTWOCH
heute	gestern	vorgestern	letzte Woche	vor zehn Tagen	letzten Monat	letztes Jahr

20 Spielt Dialoge wie im Beispiel.

Wann hast du deine Geburtstagsparty gegeben? Vorgestern?

Ja, vorgestern habe ich meine Geburtstagsparty gegeben.

1. die Einladungen schicken – letzte Woche
2. mit den Gästen telefonieren – vor 10 Tagen
3. Essen und Getränke einkaufen – gestern
4. kochen – heute
5. die Party organisieren – letzten Monat
6. deine letzte Geburtstagsparty geben – letztes Jahr

der Monat	→ letzten Monat
das Jahr	→ letztes Jahr
die Woche	→ letzte Woche

21 **Spielt Dialoge wie im Beispiel.**

- ◆ Wann war Sami in Istanbul?
- ○ Er war vom 2. (zweiten) bis zum 6. (sechsten) August dort.

1. Lea – Alicante – 11.–21. Juli
2. Viktoria – Verona – 10.–17. Juni
3. Herr Schröder – Berlin – 20.–24. September
4. Frau Richter – München – 5. März
5. Martin – Frankfurt – 30. Oktober

Januar Februar März April Mai Juni Juli August September Oktober November Dezember

Wann? → Am ... / Vom ... bis (zum) ...

1. (**ersten**) August	8. (**achten**)	20. (zwanzig**sten**)
2. (zwei**ten**)	9. (neun**ten**)	21. (einundzwanzig**sten**)
3. (**dritten**)	10. (zehn**ten**)	22. (zweiundzwanzig**sten**)
4. (vier**ten**)	11. (elf**ten**)	...
5. (fünf**ten**)	12. (zwölf**ten**)	30. (dreißig**sten**)
6. (sechs**ten**)	13. (dreizehn**ten**)	...
7. (**siebten**)	...	

003 **22** **Ich habe gefeiert ... Hör zu und schreib die Informationen in dein Heft.**

	Niklas	Julia
Was?	*Abitur*	?
Wann?	?	?
Wo?	?	?
Mit wem?	?	?
Wie?	?	?

23 **Und du? Was hast du zuletzt gefeiert?**

AUSSPRACHE

004 **1. Hör zu und markiere die betonte Silbe. Hör noch einmal und sprich nach.**

ge<u>macht</u>	gelernt	gesprochen	gefahren
angekommen	angerufen	aufgestanden	kennengelernt
gewonnen	besucht	verpasst	erzählt

004 **2. Welche Silbe ist betont? Hör noch einmal und ordne die Partizipien aus Aufgabe 1 zu.**

1. Silbe betont	2. Silbe betont
angekommen, ...	*gemacht, ...*

005 **3. Hör zu und sprich nach. Achte auf die Satzmelodie.**

- ◆ Hallo Sara! ↘
- ○ Hallo! ↘
- ◆ Wo warst du gestern? ↘
- ○ Ich habe meine Oma besucht. ↘
- ◆ Oh, → wie schön! ↘ Und was habt ihr gemacht? ↗
- ○ Wir haben viel geredet, → Kuchen gegessen → und Karten gespielt. ↘

→ AB S. 12–15

DAS KANN ICH SCHON!

- Wo warst du im Sommer?
  - Ich bin nach Istanbul geflogen.
  - Ich habe einen Badeurlaub in Alicante gemacht.
  - Ich bin nach Verona gefahren.
  - Meine Mutter und ich sind nach Augsburg gefahren.
  - Ich war in Hamburg.

- Was hast du im Urlaub gemacht?
  - Ich bin durch Istanbul gegangen und habe viele Sehenswürdigkeiten fotografiert.
  - Ich bin ins Kino gegangen.
  - Ich habe eine Bootstour gemacht.
  - Ich habe Tennis gespielt.
  - Ich habe Karten gespielt.
  - Ich habe Serien gesehen.
  - Ich habe Ausflüge gemacht.
  - Ich bin gewandert.
  - Ich habe lange geschlafen.
  - Ich habe Kaffee getrunken und Kuchen gegessen.
  - Ich bin in die Disco gegangen.
  - Ich bin in Museen gegangen.
  - Ich habe viel Italienisch gesprochen.
  - Ich habe jeden Tag im Meer gebadet.
  - Ich bin geklettert.
  - Ich habe gelesen.
  - Ich habe die Stadt besichtigt.

- Hattest du Spaß?
  - Ja, ich hatte viel Spaß.
  - Nein, ich hatte keinen Spaß.

- Was ist passiert?
  - Ich hatte einen Unfall.
  - Auf dem Skateplatz waren viele Jugendliche.
  - Ich habe einen Skater nicht gesehen.
  - Wir sind zusammengestoßen.
  - Ich bin gestürzt und habe mich verletzt.
  - Der Skater hat Hilfe geholt.
  - Nach 15 Minuten war der Krankenwagen da.
  - Der Krankenwagen hat mich ins Krankenhaus gebracht.
  - Dort hat man sich gut um mich gekümmert.
  - Meine Eltern sind ins Krankenhaus gefahren.

Ich habe gefeiert.

Ich hatte gestern Geburtstag.
Ich habe eine Party gegeben.
Ich habe letzte Woche die Einladung per E-Mail geschickt.
Ich habe mit den Gästen telefoniert.
Ich habe Essen und Getränke eingekauft.

◆ Wann ist das passiert?

- ○ Gestern.
- ○ Vorgestern.
- ○ Letzte Woche.
- ○ Letzten Monat.
- ○ Letztes Jahr.
- ○ Vor 10 Tagen.

◆ Wann warst du in Berlin?

- ○ Am 3. (dritten) Februar.
- ○ Am 11. (elften) April.
- ○ Vom 11. (elften) bis (zum) 21. (einundzwanzigsten) Juni.
- ○ Vom 20. (zwanzigsten) bis (zum) 23. (dreiundzwanzigsten) Oktober.

PROJEKT

Zu zweit: Ihr wart zusammen im Urlaub. Wo wart ihr? Wie lange seid ihr geblieben? Was habt ihr gemacht? Macht ein Plakat und stellt eure Reise in der Klasse vor.

◆ Wo waren wir?
○ An der Ostsee vielleicht.
◆ Gute Idee! Eine Woche im August, o.k.?

○ Was haben wir gemacht?
◆ Wir haben in der Sonne gelegen.
○ Ja! Und wir haben viel Fisch gegessen und ...

Wir waren an der Ostsee. Wir waren dort vom ersten bis zum achten August.

Wir haben in der Sonne gelegen und ...

LANDESKUNDE

Lies den Text und beantworte die Fragen.

www.juz-zeitzeugen.net

Am 9. November 1989 ist die Berliner Mauer gefallen

Deutschland hatte von 1949 bis 1990 zwei Teile: die BRD (die Bundesrepublik Deutschland) im Westen und die DDR (die Deutsche Demokratische Republik) im Osten. Auch Berlin hatte zwei Teile, Ost-Berlin und West-Berlin, weil die DDR im August 1961 eine Mauer durch die Stadt gebaut hat. Am 9. November 1989 ist die Mauer wieder gefallen und alle Deutschen haben gefeiert.

Sebastian Eckert war damals dabei. Wir haben ihn gefragt: „Wie haben Sie den Tag erlebt?“

> *Ich war damals 20 und habe in West-Berlin gewohnt. Am Abend, gegen 20:00 Uhr, habe ich im Radio gehört: Die Grenzen sind offen. So schnell wie möglich bin ich zur nächsten Grenze gelaufen. Und tatsächlich: Die Grenzen waren offen! Die Ost-Berliner sind ohne Probleme in den Westen gekommen.*

Und die DDR-Polizisten haben nichts dagegen gemacht?

> *Nein, sie haben nichts dagegen gemacht. Die Menschen aus Ost- und West-Berlin haben zusammen gesungen, getanzt, gefeiert und vor Freude geweint.*

---

1. Wann ist die Berliner Mauer gefallen? *Am 9. November 1989.*
2. Wie alt war Sebastian Eckert damals?
3. Wo hat er damals gewohnt?
4. Was ist am 9. November 1989 gegen 20:00 Uhr passiert?
5. Wohin ist Sebastian Eckert gelaufen?
6. Was hat er gesehen?

11

GRAMMATIK AUF EINEN BLICK

Das Perfekt

Was <u>hast</u> du im Sommer <u>gemacht</u>?

Ich <u>bin</u> nach Verona <u>gefahren</u>.

Das Partizip auf *-t*

	haben/ sein		Partizip auf *-t*
Was	**hast**	du im Urlaub	**gemacht?**
Lea	**hat**	Tennis	**gespielt.**
Felix	**ist**	in Österreich	**gewandert.**

✔ **Ergänze.**

1. hören hat *gehört*
2. glauben hat ?
3. lachen hat ?
4. stürzen ist ?
5. antworten hat ?
6. diskutieren hat ?
7. denken hat ?
8. probieren hat ?
9. bringen hat ?
10. arbeiten hat ?

genauso: *(sich) freuen → hat (sich) gefreut, holen → hat geholt, hören → hat gehört, klettern → ist geklettert, kochen → hat gekocht, (sich) kümmern → hat (sich) gekümmert, lernen → hat gelernt, schicken → hat geschickt, skaten → ist geskatet, stürzen → ist gestürzt, tanzen → hat getanzt, wohnen → hat gewohnt, ...*

Verben auf *-d/-t*:	baden → hat **gebadet** reden → hat **geredet** arbeiten → hat **gearbeitet**	Im Urlaub habe ich jeden Tag gebadet. Wir haben viel geredet. Ich habe bis 20:00 Uhr gearbeitet.
Verben mit *Vokalwechsel*: (z. B. i → a)	bringen → hat **gebracht** genauso: *denken → hat gedacht, nennen → hat genannt, ...*	Der Krankenwagen hat Daniel ins Krankenhaus gebracht.
Verben auf *-ieren*: (ohne ge-)	passieren → **ist passiert** ⚠ nur 3. Person Singular + *sein* organisieren → **hat organisiert** fotografieren → **hat fotografiert** genauso: *telefonieren → hat telefoniert, informieren → hat informiert, ...*	Was ist gestern passiert? Die Schüler haben ein Programm organisiert. Sami hat die Blaue Moschee fotografiert.

Das Partizip auf *-en*

	haben/ sein		Partizip auf *-en*
Veronika	**ist**	nach Italien	**gefahren.**
Sie	**hat**	dort viel	**gesehen.**

genauso: *essen → hat gegessen, geben → hat gegeben, kommen → ist gekommen, lesen → hat gelesen, schlafen → hat geschlafen, ...*

✔ **Ergänze.**

1. schreiben hat *geschrieben*
2. schlafen hat ?
3. geben hat ?
4. fliegen ist ?
5. gehen ist ?
6. trinken hat ?

⚠ **Verben mit Vokalwechsel:**
spre**ch**en → hat **ges**pr**o**ch**en**
bl**ei**ben → ist **ge**bl**ie**ben

genauso: *fliegen → ist geflogen, gehen → ist gegangen, schreiben → hat geschrieben, treffen → hat getroffen, trinken → hat getrunken, …*

✔ Ordne zu.

hat gesungen hat bestanden ~~hat gefunden~~
hat genommen ist gestanden ist geschwommen

1. finden *hat gefunden*
2. singen [?]
3. schwimmen [?]
4. stehen [?]
5. nehmen [?]
6. bestehen [?]

Das Partizip bei trennbaren Verben

	haben/ sein		Partizip auf -t/-en
Louisa	hat	neue Leute	kennen**ge**lern**t**.
Hanna	hat	Essen und Getränke	ein**ge**kauf**t**.
Daniel	ist	zu spät in München	an**ge**komm**en**.
Kiki	hat	Daniels Eltern	an**ge**ruf**en**.

genauso: *auf·stehen → ist aufgestanden, weh·tun → hat wehgetan, zusammen·stoßen → ist zusammengestoßen, …*

✔ Ergänze.

1. aufmachen hat *aufgemacht*
2. mitkommen ist [?]
3. anrufen hat [?]
4. weggehen ist [?]
5. zurückbringen hat [?]
6. mitnehmen hat [?]
7. ansehen hat [?]

Das Partizip bei nicht-trennbaren Verben

be-/emp-/ent-/er-/ge-/ver-

	haben		Partizip auf -t/-en
Daniel	hat	den Zug	verpass**t**.
Kiki	hat	Daniels Eltern alles	erzähl**t**.
Daniel	hat	am Morgen	verschlaf**en**.
Lea	hat	keine Einladung	bekomm**en**.

✔ Ordne zu.

1. beginnen → e
2. bedeuten
3. gehören
4. erlauben
5. verdienen

a hat gehört
b. hat verdient
c. hat erlaubt
d. hat bedeutet
e. hat begonnen

genauso: *besichtigen → hat besichtigt, besuchen → hat besucht, empfehlen → hat empfohlen, (sich) entschuldigen → hat (sich) entschuldigt, gewinnen → hat gewonnen, verlieren → hat verloren, …*

Das Perfekt mit *haben* oder *sein*

Perfekt mit *haben*:
- die meisten Verben (*hat gelernt, hat gemacht, …*)
- reflexive Verben (*hat sich gefreut, hat sich getroffen, …*)

Perfekt mit *sein*:
- Ortswechsel A → B (*ist gefahren, ist gegangen, ist gestürzt, …*)
- Zustandswechsel (*er ist Lehrer geworden, …*)
- bleiben (*ich bin zu Hause geblieben*), sein (*ich bin in Spanien gewesen*), passieren (*das ist passiert*)

✔ Ergänze: Perfekt mit *haben* oder *sein*?

1. Ich *bin* leider zu spät angekommen.
2. Ich [?] am Schreibtisch gesessen und gelernt.
3. Wir [?] auf der Terrasse gefrühstückt.
4. Tina [?] mit dem Fahrrad gestürzt.
5. Timo [?] gestern 15 Kilometer gelaufen.
6. Ich [?] mich gewaschen.
7. Ich [?] zwei Tage in Hamburg geblieben.

11

GRAMMATIK AUF EINEN BLICK

Präteritum von *sein* und *haben*

	sein	haben
ich	war	hatt-**e**
du	war-**st**	hatt-**est**
er / es / sie	war	hatt-**e**
wir	war-**en**	hatt-**en**
ihr	war-**t**	hatt-**et**
sie / Sie	war-**en**	hatt-**en**

Ergänze. Wo waren die Leute?

1. Timo *war* in London.
2. Wir [?] in Italien.
3. Meine Freunde [?] in Paris.
4. Toni und Tina [?] zu Hause.
5. Und du? Wo [?] du?

Ergänze. Wer hatte was?

1. Ich *hatte* Glück.
2. Leo und Tina [?] Spaß.
3. Wir [?] einen Unfall.
4. Selda [?] Geburtstag.
5. Lea [?] keine Zeit.

Zeitangaben

- Wann bist du nach Berlin gefahren?
- Gestern. / Vorgestern.
- Vor zwei Tagen.
- Letzten Monat. / Letztes Jahr. / Letzte Woche.

Im August 2023 ist Sami nach Berlin gefahren.
Im Sommer 2023 bin ich in Berlin gewesen.

Antworte. Heute ist der 15.05.

- Wann bist du aus dem Urlaub zurückgekommen?

1. Am 14.05. *gestern*
2. Am 13.05. [?]
3. Am 12.05. [?]
4. Am 08.05. [?]
5. Am 15.04. [?]

Datum

Wann? → Am ... / Vom ... bis (zum) ...

1. (**ersten**) August	8. (**achten**)	20. (zwanzig**sten**)
2. (zwei**ten**)	9. (neun**ten**)	21. (einundzwanzig**sten**)
3. (**dritten**)	10. (zehn**ten**)	22. (zweiundzwanzig**sten**)
4. (vier**ten**)	11. (elf**ten**)	...
5. (fünf**ten**)	12. (zwölf**ten**)	30. (dreißig**sten**)
6. (sechs**ten**)	13. (dreizehn**ten**)	...
7. (**siebten**)	...	

Ich habe **am** 12. April Geburtstag.

Ich bin eine Woche geblieben, **vom** 10. **bis (zum)** 17. Juli.

Wann hast du Geburtstag? Ergänze.

1. 10.01. *am zehnten Januar*
2. 03.08. [?]
3. 12.05. [?]
4. 25.04. [?]
5. 20.09. [?]
6. 19.12. [?]

Wann war Valentin im Urlaub? Ergänze.

1. 20.03. - 26.03.
vom zwanzigsten bis sechsundzwanzigsten März
2. 05.06. - 11.06. [?]
3. 21.08. - 27.08. [?]
4. 25.09. - 01.10. [?]
5. 13.11. - 19.11. [?]
6. 24.12. - 31.12. [?]

→ AB S. 16 - 17

TRAINING

LESEN

1 **Lies den Text. Löse dann die Aufgaben.**

www.das-war-meine-woche.de

JO

Meine Woche war einfach schlimm! Nur Ärger an der Uni.
Bitte: Schickt mir positive Energie.
Wie war eure Woche? Habt ihr etwas Positives erlebt?

FRANKA

Ha, ha! Ich schicke dir positive Energie. Du meinst, deine Woche war schlimm? Bestimmt nicht so schlimm wie meine.

Also: Am Montag habe ich wieder mal den Wecker nicht gehört und ich habe verschlafen. Ich habe nicht geduscht, habe nicht gefrühstückt, ich bin so schnell wie möglich zur Bushaltestelle gelaufen. Pech gehabt! Ich habe den Bus natürlich nicht mehr erreicht und ich bin zwanzig Minuten zu spät in die Arbeit gekommen. Meine Chefin war etwas sauer. Ich bin ja letzte Woche schon zweimal zu spät gekommen.

Der Dienstag hat gut begonnen: Ich war pünktlich in der Arbeit. Abends war ich mit Jannis verabredet, um 18 Uhr im Café am Dom. Ich war schon fast im Café, aber dann habe ich leider festgestellt: Ich habe meinen Hausschlüssel im Büro vergessen. Also bin ich wieder ins Büro gefahren und habe den Schlüssel geholt. Jannis hat eine Stunde auf mich gewartet. Er war ziemlich sauer.

Am Mittwoch bin ich mit dem Rad zum Büro gefahren. Man muss ja schließlich auch etwas für die Gesundheit tun! Ich bin durch den Park gefahren. Plötzlich ist ein Hund aus dem Wald gekommen und vor mein Rad gelaufen. Ich habe noch gebremst, aber zu spät: Ich bin gestürzt. Und das Rad war dann kaputt. Ich habe es also den ganzen Weg ins Büro geschoben und bin zu spät gekommen. Meine Chefin war total sauer.

Am Donnerstag ist mir dann etwas richtig Dummes passiert. Ich hatte um 15 Uhr einen Arzttermin. Seit Wochen warte ich auf diesen Termin, aber ich habe ihn vergessen. Ich habe einfach nicht mehr daran gedacht. Der Arzt hat mich angerufen: Wo sind Sie? Warum sind Sie nicht gekommen? Das war so peinlich! Erst in drei Wochen ist wieder ein Termin frei.

Der Freitag war auch nicht besser. Ich war abends mit Lara verabredet und ich habe für uns gekocht. Lasagne. Leider war ich sehr müde von der Woche und ich bin auf dem Sofa eingeschlafen. Die Lasagne habe ich im Backofen vergessen und sie ist angebrannt. Lara und ich sind dann in eine Pizzeria essen gegangen.

Hoffentlich wird das Wochenende besser!
Was machst du? Wollen wir uns treffen?

a **Lies den Text. Ordne zu.**

1. Jos Woche war (?) gut. / (?) nicht gut.

2. Frankas Woche war (?) auch gut. / (?) auch nicht gut.

TRAINING

b **Lies den Text noch einmal. Ist das richtig (R) oder falsch (F)?**

		R	F
1.	Am Montag hat Franka verschlafen. Dann hat sie lange geduscht und gefrühstückt.	?	⊗
2.	Sie hat den Bus verpasst und ist nicht pünktlich in die Arbeit gekommen.	?	?
3.	Am Dienstag ist Franka wieder zu spät in die Arbeit gekommen.	?	?
4.	Jannis hat eine halbe Stunde auf Franka gewartet, weil Frankas Schlüssel im Büro war und sie ihn geholt hat.	?	?
5.	Am Mittwoch hatte Franka einen Fahrradunfall mit einem Hund im Park.	?	?
6.	Ihr Fahrrad war kaputt, aber sie ist pünktlich in die Arbeit gekommen.	?	?
7.	Am Donnerstag ist Franka um 15 Uhr zum Arzt gegangen.	?	?
8.	Der Arzt hat Franka angerufen.	?	?
9.	Franka hat für Lara gekocht. Das Essen war aber zu lange im Backofen.	?	?
10.	Franka und Lara sind dann in ein Restaurant gegangen.	?	?

HÖREN

006 **2** **Wie war's im Feriencamp? Hör zu.**
Was sagt Oliver? Ist das richtig (R) oder falsch (F)?

		R	F
1.	Oliver war mit seinem Freund Fabian im Feriencamp.	?	⊗
2.	Oliver ist mit dem Bus nach Innsbruck gefahren.	?	?
3.	Olivers Eltern haben ihn nach Imst gefahren.	?	?
4.	Ein Betreuer hat in Innsbruck auf Oliver gewartet.	?	?
5.	Oliver und Laura sind allein von Innsbruck nach Imst gefahren.	?	?
6.	Oliver ist gewandert, geklettert, Fahrrad gefahren und hat Tiere beobachtet.	?	?
7.	Die Feriencamp-Teilnehmer haben in einer Hütte übernachtet.	?	?
8.	Unter den Feriencamp-Teilnehmern war auch ein Mädchen aus Frankreich.	?	?
9.	Die offizielle Sprache im Feriencamp war Deutsch.	?	?
10.	Laura und Oliver haben noch Kontakt.	?	?

SCHREIBEN

3 **Lies die Nachricht von Sonja und antworte.**

SONJA

Hallo,
ich habe schon lange nichts mehr von dir gehört. Ich war zweimal im Jugendclub, aber du warst nicht da. Bei mir gibt es Neuigkeiten: Ich habe einen neuen Freund! Er heißt Timo. Wir sind gestern zum ersten Mal zusammen ausgegangen.
Wir waren in einem netten Lokal ...
Wie geht es dir? Ist alles okay? Schreib mir doch!

Viele Grüße

Hallo Sonja, ...

SPRECHEN

4 **Zu viert: Was hast du gemacht? Wählt eine Antwortmöglichkeit und sprecht.**

Was hast du gemacht?

- am Wochenende mit deiner Freundin / deinem Freund
- letzte Woche
- gestern
- am 12. Mai

Der 12. Mai war ein Montag. Ich bin um halb sieben aufgestanden und habe mit meiner Mutter gefrühstückt. Um halb acht bin ich zum Bahnhof gegangen und bin mit der S-Bahn zur Schule gefahren. In der Schule ...

5 **Sieh das Foto an und sprich darüber.**

1. Was siehst du auf dem Bild?
2. Wer sind die Leute?
3. Was sieht die Frau?
4. Was passiert, wenn du eine schlechte Note bekommst?

VIDEO

VIDEO 11 Ein schwarzer Tag

1 **Sieh den ersten Videoteil an (0:00 - 1:12). Welcher Satz passt zu welchem Foto? Ordne zu.**

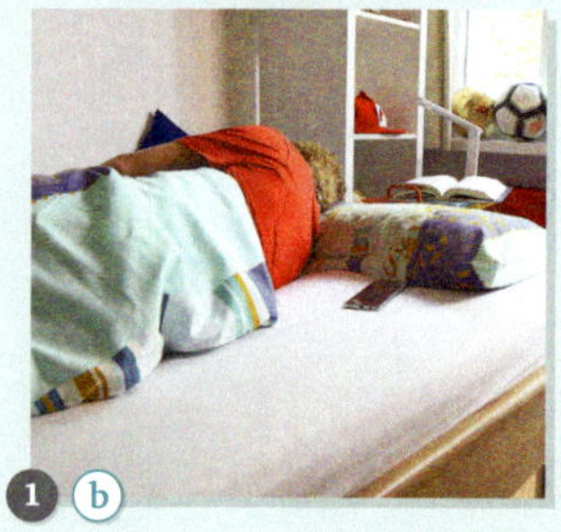
1 b

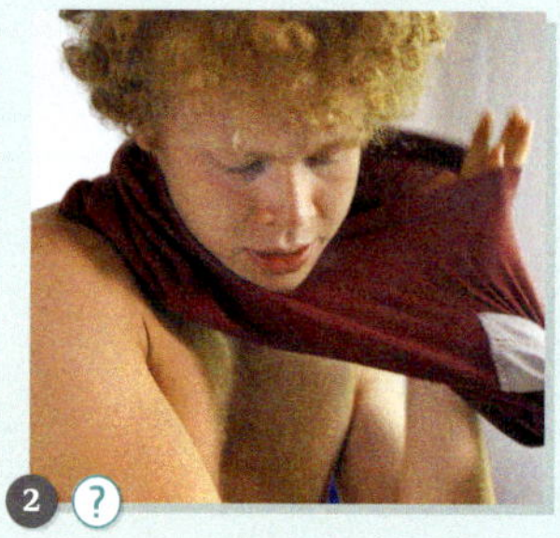
2 ?

3 ?

4 ?

a. Leons Mutter ärgert sich, weil Leon immer zu spät aufsteht.
b. Der Wecker klingelt, aber Leon schläft weiter.
c. Leon läuft zur Haltestelle, aber er verpasst den Bus.
d. Leon steht auf und zieht sich schnell an.

2 **Beantworte die Fragen.**

1. Der Wecker klingelt. Was macht Leon?
2. Leon steht auf. Wohin geht er?
3. Warum ärgert sich die Mutter über Leon?
4. Wer ist Herr Wenger?
5. Warum hat Leon Ärger mit Herrn Wenger?

1. Leon schläft weiter.

3 **Sieh den zweiten Videoteil an (1:13 - 2:33).**
Welcher Satz passt zu welchem Foto? Ordne zu wie im Beispiel.

1. Du hast viele Torchancen vergeben. *B*
2. Was verstehst du nicht, Leon? ?
3. Aber das ist keine Ausrede. Es ist die Wahrheit. ?
4. Wir waren alle schlecht. ?
5. Diese Übung ist falsch. ?
6. Das war ein schlechtes Spiel. ?
7. Das ist eine glatte Fünf. ?
8. Diese Übung ist unvollständig. ?
9. Wir haben 18 zu 10 verloren. ?

A

B

4 **Lies noch einmal die Sätze in Aufgabe 3. Welche Wörter kennst du / kennst du nicht?**
Sprecht in der Klasse in eurer Sprache.

5 **Sieh den dritten Videoteil an (2:34 - 4:49). Beantworte dann die Fragen.**

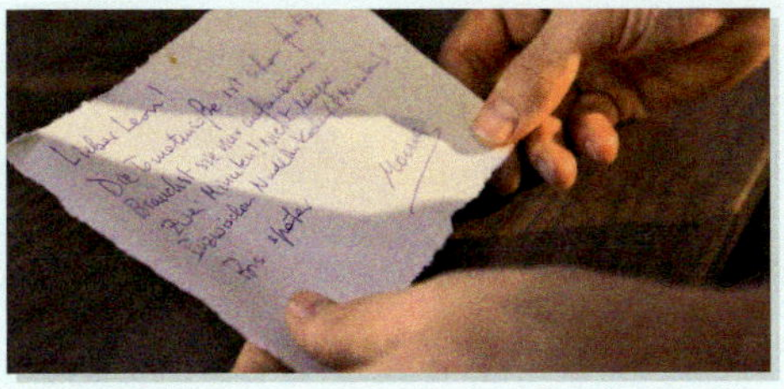

1. Leons Mutter ist nicht zu Hause. Was muss Leon machen?
2. Ist die Tomatensoße schon fertig?

3. Wer ist Marika?
4. Warum ruft sie an?
5. Wie war Marikas Mathearbeit?

6. Was ist passiert?

7. Wie schmecken Leons Spaghetti mit Ketchup?

8. Warum ärgert sich Leons Mutter?

1. Leon muss ...

6 **Ergänze den Text.**

aufsteht | geschlafen | Fünf | Klassenarbeiten | verloren | ~~aufgestanden~~ | Haltestelle | geklingelt | Pfanne | Ärger | Frühstücken | vergessen | weg | kochen | aufwärmen | fleißig | Turnhalle | angerufen | Tomatensoße | angebrannt

Leon ist spät (1) *aufgestanden*. Der Wecker hat (2) ?, aber Leon hat weiter (3) ?. Leons Mutter ärgert sich, weil Leon immer so spät (4) ?. Leon hat keine Zeit zum (5) ?. Er läuft zur (6) ?, aber der Bus ist schon (7) ?. In der Schule hat Leon (8) ? mit dem Mathelehrer. Herr Wenger gibt die (9) ? zurück. Leon ist enttäuscht: Er hat vor der Klassenarbeit (10) ? gelernt, aber trotzdem eine (11) ? bekommen. In der (12) ? hat Leon Handball gespielt. Seine Mannschaft hat leider (13) ?. Zu Hause muss Leon selbst (14) ?. Seine Mutter hat die (15) ? zubereitet. Er muss sie nur (16) ?. Marika hat (17) ? und Leon hat die Soße (18) ?. Die Soße ist also (19) ?. Leons Mutter ärgert sich, weil die (20) ? 45 € gekostet hat.

12 Wiedersehen in Berlin

A Ein Besuch in der Hauptstadt

Viktoria, Justine, Martin, Luca, Hanna, Sami und Mirko haben sich schon lange nicht mehr gesehen. Hanna hat für alle ein Treffen in Berlin organisiert. Alle außer Martin und Mirko kommen mit. Nächste Woche geht es los. Die Jugendlichen sind gespannt und freuen sich auf das Wiedersehen. Wer möchte was in Berlin machen?

Hanna war schon einmal in Berlin und möchte nach dem Abitur dorthin ziehen, Betriebswirtschaft studieren und dort arbeiten. Nächste Woche hat ihre beste Freundin Geburtstag und sie will in Berlin ein typisches Souvenir für sie kaufen. Vielleicht findet sie etwas auf dem Kurfürstendamm oder in der Schönhauser Allee.

Sami war schon mehrmals in Berlin. Seine Großeltern wohnen nämlich dort und er möchte sie besuchen, wenn er dort ist. Und er möchte ins Berliner Olympiastadion. Sami ist Fußballfan und am Samstag spielt Hertha BSC gegen den FC Bayern München.

Viktoria war noch nie in Berlin. Sie möchte so viel wie möglich von der Stadt sehen, vor allem die bekannten Sehenswürdigkeiten wie den Reichstag, das Brandenburger Tor oder den Fernsehturm. Sie möchte lange Spaziergänge mit ihren Freundinnen und Freunden durch die Stadt machen.

Herr Huber, Hannas Vater, ist auch dabei und passt auf die Jugendlichen auf. Er kennt die Stadt sehr gut, weil er sechs Jahre dort gearbeitet hat. Er will seine alten Kolleginnen und Kollegen wiedersehen und mit ihnen essen gehen. Natürlich will er seiner Tochter und den anderen Jugendlichen die Stadt zeigen.

Luca war schon ein paar Mal in Berlin und kennt die Stadt schon gut. Dieses Mal möchte er in ein Museum, vielleicht ins Wachsfigurenkabinett. Dort war er schon einmal in London und war begeistert. Seine Eltern haben ihm von den vielen Badeseen in und um Berlin erzählt. Er will auch schwimmen gehen.

Justine war noch nie Berlin. Auf lange Spaziergänge durch die Stadt hat sie gar keine Lust. Am liebsten möchte sie eine Stadtrundfahrt mit dem Bus oder eine Bootstour auf der Spree machen. Und sie will unbedingt eine Currywurst – DIE Berliner Spezialität – probieren.

1 **Lies die Texte und ergänze die Namen.**

1. Er / Sie möchte ein Fußballspiel sehen. *Sami*
2. Er / Sie will auf die Universität in Berlin gehen. ?
3. Er / Sie möchte eine Berliner Spezialität essen. ?
4. Er / Sie hat sechs Jahre in Berlin gearbeitet. ?
5. Er / Sie möchte Berliner Sehenswürdigkeiten sehen. ?
6. Er / Sie möchte baden gehen. ?

2 **Lies die Texte auf Seite 26 noch einmal. Wer möchte was machen? Schreib zu jeder Person zwei Fragen. Gib die Fragen deiner Partnerin / deinem Partner. Sie / Er notiert die Antwort.**

Wer möchte die Großeltern besuchen?
Sami

3 **Was möchte Herr Huber in Berlin machen? Lies und ergänze die Tabelle unten.**

Für meine Firma habe ich ja schon sechs Jahre in Berlin gearbeitet. Ich denke sehr gern an meine Jahre dort zurück. Es war eine tolle Zeit mit meiner Frau! Besonders schön war die Zusammenarbeit mit meinen Kolleginnen und Kollegen dort und ich freue mich auf das Wiedersehen. Auch auf die gemeinsame Zeit mit meiner Tochter und mit ihren Freunden freue ich mich sehr. Vielleicht kann ich ihnen mein Lieblingsmuseum – das Pergamonmuseum – und meinen Lieblingsplatz – das ist der Potsdamer Platz – zeigen. Ich bin sicher, es werden ein paar tolle Tage!

Personalpronomen	Possessivartikel
ich	mein-
du	dein-
er / es / sie	sein- / sein- / ihr-
wir	unser-
ihr	euer-
sie / Sie	ihr- / Ihr-

Possessivartikel	im Akkusativ	im Dativ
maskulin	*meinen* Platz	*meinem* Platz
neutral	? Museum	*meinem* Museum
feminin	? Firma / Frau / Tochter	? Firma / Frau / Tochter
Plural	*meine* Kollegen / Freunde / Jahre	? Kollegen / Freunden / Jahren

4 **Vorbereitung auf Berlin. Wer muss was machen? Ergänze.**

Hanna
- Tickets für *meine* Freunde besorgen
- Geschenk für ? Freundin überlegen
- Hotelzimmer für ? Freunde buchen

Herr Huber
- ? alten Kolleginnen und Kollegen anrufen
- in ? Lieblingsrestaurant einen Tisch reservieren
- mit ? Tochter das Programm organisieren

Sami
- mit ? Großeltern ein Treffen vereinbaren
- die Kette für ? Oma einpacken
- für ? Opa ein Buch kaufen

für + Akkusativ

für meinen Freund
für mein Kaninchen
für meine Freundin

5 **In der Gruppe: Spielt Dialoge mit den Sätzen aus Aufgabe 4.**

Hanna muss noch Tickets für ihre Freunde besorgen.

Ja genau! Und außerdem muss sie ein Geschenk für ihre Freundin überlegen.

Stimmt! Und dann muss sie auch noch die Hotelzimmer für ihre Freunde buchen.

007 **6** **Hör zu und sprich nach.**

- Wie findest du Hanna?
- Ich finde sie lustig.
- Und wie findest du Sami?
- Ich finde ihn sympathisch.
- Und die Freunde von Hanna? Wie findest du sie?
- Hilfsbereit und nett.
- Und wen findest du nett?
- Ich finde Luca nett.

Fragepronomen	
Nominativ	Akkusativ
Wer?	Wen?

7 **Du fährst nach Berlin. Wen aus deiner Klasse nimmst du mit? Spielt Dialoge wie im Beispiel.**

nett lustig witzig hilfsbereit humorvoll sympathisch freundlich klug intelligent ...

1 Wen nimmst du nach Berlin mit?

2 Ich nehme Marco mit, denn ich finde ihn sehr hilfsbereit. Und du?

3 Ich nehme Mia und Conny mit, denn ich finde sie sehr lustig.

Personalpronomen	
Nominativ	Akkusativ
ich	mich
du	dich
er	ihn
es	es
sie	sie
wir	uns
ihr	euch
sie	sie
Sie	Sie

→ AB S. 18–22

B Das gehört mir!

8 Lies das Gespräch. Wer sagt das? Ergänze die Namen.

Herr Huber: So, jetzt sind wir alle endlich in Berlin. Heute Vormittag gehen wir alle gemeinsam zum Berliner Fernsehturm, o.k.? Aber heute Nachmittag unternehmen wir getrennt etwas. Hier sind zwei Tickets für eine Bootsfahrt. Die gehören dir, Justine, nicht wahr?

? Genau, die gehören mir. Viktoria und ich machen heute Nachmittag eine Bootsfahrt auf der Spree.

? Und Luca, hier sind deine Tickets für das Wachsfigurenkabinett. Mit wem gehst du hin?

? Mit Hanna.

? Ah, das gefällt euch sicher dort. Und was machst du heute Nachmittag, Sami?

? Ich besuche meine Großeltern und gehe mit ihnen in den Tierpark.

? Wunderbar! Und ich treffe meine alten Kolleginnen und Kollegen und gehe mit ihnen essen. Dann geht's los. Auf zum Fernsehturm!

9 Wer macht was mit wem? Ordne zu und schreib die Sätze in dein Heft.

Sami	macht	mit Hanna	essen.
Justine	geht	mit den Kolleginnen und Kollegen	eine Bootsfahrt.
Herr Huber	geht	mit seinen Großeltern	ins Wachsfigurenkabinett.
Luca	geht	mit Viktoria	in den Tierpark.

10 Spielt Dialoge wie im Beispiel.

Olympiastadion, Berlin

- ◆ Mit wem möchtest du ins Olympiastadion gehen? Mit Sami?
- o Ja, mit ihm.

1. zum See – Luca
2. in den Tierpark – die Großeltern
3. zum Fernsehturm – Hanna
4. essen gehen – ich
5. ins Museum – wir
6. zum Brandenburger Tor – Justine und Viktoria

Fragepronomen

Nominativ	Dativ
Wer?	Wem?

Personalpronomen

Nominativ	Dativ
ich	mir
du	dir
er	ihm
es	ihm
sie	ihr
wir	uns
ihr	euch
sie	ihnen
Sie	Ihnen

11 Spielt Dialoge.

- ◆ Gibst du mir bitte den Reiseführer?
- o Ja, ich gebe ihn dir gern.
- o Nein, ich gebe ihn dir nicht.

die Kamera

der Pass

die Geldbörse

das Handy

der Koffer

die Tickets

Akkusativ- und Dativpronomen im Satz

Ich gebe	meinem Freund	den Reiseführer.
Ich gebe	ihm	den Reiseführer.
Ich gebe	ihn	ihm.
Ich gebe	ihn	meinem Freund.

12 **Wem gehört das? Wem gefällt das? Sprecht in der Klasse.**

Hanna

😀 lesen, wandern
🙁 schwimmen, Mathe

Sami

😀 schwimmen, Fußball
🙁 klettern, Mathe

Justine

😀 Mathe, Fahrradtouren
🙁 lesen, Musik

Luca

😀 klettern, Mathe
🙁 schwimmen, wandern

gehören/gefallen + Dativ

Das gehört Hanna.	→	Das gehört ihr.
Das gehört Luca.	→	Das gehört ihm.
Das gefällt Justine.	→	Das gefällt ihr.
Das gefällt Sami.	→	Das gefällt ihm.

der Taschenrechner

das Fahrrad

der Fußball

das Kletterseil

die Badehose / der Badeanzug

der Rucksack und die Wanderstöcke

das Buch

die Gitarre

Wem gehört der Taschenrechner?

Ich glaube, der gehört Hanna.

Hanna? Nein, ich glaube, der gehört ihr nicht. Mathe gefällt ihr nicht!

→ AB S. 22-25

C In Berlin unterwegs

13 **Lies die Texte. Welcher Text passt zu welchem Foto? Ordne zu.**

Wachsfigur Robert Pattinson und Fans in Madame Tussauds, Berlin

1 C

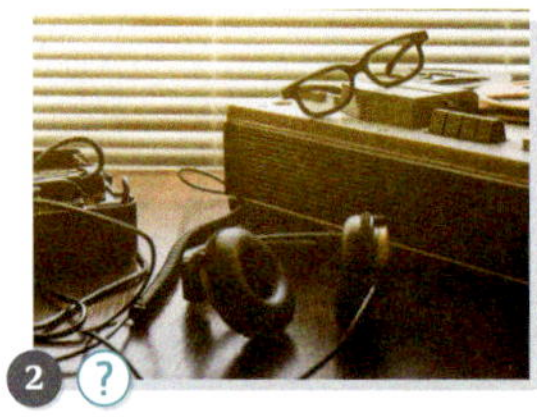

2 ?

3 ?

4 ?

5 ?

6 ?

www.berlin-highlights.net

B WILLKOMMEN IN BERLIN – UNSERE HIGHLIGHTS FÜR JUGENDLICHE!

A Du willst Berlin vom Wasser aus sehen? Auf einer einstündigen Bootsfahrt auf der Spree kannst du viele Sehenswürdigkeiten von außen sehen: das Regierungsviertel, den Reichstag, das Schloss Bellevue, die Museumsinsel und vieles mehr. Es gibt Audioguides in zwölf Sprachen, sie machen die Bootsfahrt zu einem tollen Erlebnis – nicht nur bei schönem Wetter!

B Eine Mauer hat Berlin lange Zeit in Ost und West geteilt. Die Mauer gibt es heute nicht mehr. Man hat daraus die längste Open-Air-Galerie der Welt gemacht, die „East Side Gallery". Mehr als 118 Künstlerinnen und Künstler aus 21 Ländern haben 106 Bilder auf die Mauer gemalt und die Veränderungen seit dem Mauerfall festgehalten – ein echtes Stück Zeitgeschichte!

C Lust auf ein Treffen mit weltbekannten Stars? Kein Problem: Sie erwarten euch alle im Wachsfigurenkabinett und stehen für ein Selfie bereit. Zwar nicht in echt, aber als lebensgroße Wachsfigur. Besucht unbedingt auch den Musikbereich. Hier könnt ihr einen eigenen Song aufnehmen und ein Musikvideo drehen!

D Ihr wollt wissen, wo der Deutsche Bundestag arbeitet? Ihr habt Interesse an Architektur? Das alles gibt es bei einem Besuch im Reichstag, genauer gesagt in der Reichstagskuppel, eines der bekanntesten Wahrzeichen Berlins. Die Kuppel und die Dachterrasse sind jeden Tag für Besucher geöffnet, ihr müsst aber davor einen Termin buchen, am besten online. Der Besuch selbst ist kostenlos! Den Politikerinnen und Politikern könnt ihr von der Kuppel aus leider nicht beim Arbeiten zusehen, der Deutsche Bundestag arbeitet in einem extra Saal, aber auch dazu kann man sich anmelden und für Jugendliche gibt es sogar besondere Angebote.

E Ihr interessiert euch für die Welt der Spione? Ihr möchtet wissen, welche kuriosen Objekte Geheimagenten hatten? Einen Einblick bekommt ihr in Deutschlands einzigem Spionagemuseum am Potsdamer Platz. Auf über 3.000 m² könnt ihr alles über die Geschichte der Spionage erfahren und seht zum Beispiel Abhörgeräte in Schuhen und andere Requisiten.

F Entdecke Berlin vom höchsten Punkt der Stadt aus! Den Fernsehturm im Osten Berlins am Alexanderplatz besuchen jährlich über eine Million Menschen, er gehört zu den zehn beliebtesten Sehenswürdigkeiten in ganz Deutschland. Auf einer Höhe von 203 Metern gibt es eine Aussichtsetage mit Café und einen atemberaubenden Blick über ganz Berlin.
Unser Tipp: Jeden ersten Sonntag im Monat gibt es in dem Drehrestaurant in 207 Meter Höhe ein fantastisches Frühstücksbuffet.

14 **Wohin gehst du? Lies die Texte noch einmal. Welcher Text passt? Ordne zu.**

1. Du liebst alle Filme mit Geheimagenten. *E*
2. Du suchst einen besonderen Ort für ein Frühstück. ?
3. Du interessierst dich für Prominente. ?
4. Kunst ist dein Lieblingsfach in der Schule. ?
5. Du möchtest viele Sehenswürdigkeiten sehen, aber nicht zu Fuß gehen. ?
6. Alles zum Thema Politik findest du interessant. ?

15 **Was machst du, wenn …? Ordne zu.**

Wenn …	Dann …
1. Berlin vom Wasser aus sehen	a. die East Side Gallery ansehen
2. Kunst zum Thema Mauerfall sehen	b. den Fernsehturm besuchen
3. Requisiten von Agenten kennenlernen	c. eine Bootsfahrt auf der Spree machen
4. Berlin von oben sehen	d. das Wachsfigurenkabinett besuchen
5. ein Selfie mit weltbekannten Stars machen	e. den Reichstag besuchen
6. den Arbeitsplatz vom Deutschen Bundestag sehen	f. das Spionagemuseum besuchen

16 **Spielt Dialoge wie im Beispiel mit den Sätzen aus Aufgabe 15.**

Was machst du, wenn du Berlin vom Wasser aus sehen möchtest?

Wenn ich Berlin vom Wasser aus sehen möchte, dann mache ich eine Bootsfahrt auf der Spree.

wenn

Wenn ich Berlin vom Wasser aus sehen möchte, (dann) mache ich eine Bootsfahrt auf der Spree.

008 **17** **Wie war es in Berlin? Hör zu und kreuze an.**

Herrn Huber hat es in Berlin

- (?) sehr gut gefallen.
- (?) gut gefallen, aber es war auch anstrengend.
- (?) nicht gut gefallen.

008 **18** **Hör noch einmal und schreib die Informationen in dein Heft.**

Wie lange in Berlin?	*3 Tage*
Wie ist er nach Berlin gereist?	(?)
Unterkunft in Berlin: Wo?	(?)
Was in Berlin gemacht?	
1. Tag:	(?)
2. Tag:	(?)
3. Tag:	(?)
Nächstes Treffen: Wann? Wo?	(?)

→ AB S. 26-29

AUSSPRACHE

009 **1. Hör zu und markiere die betonte Silbe.**

Ticket   sehen   finden   geben

die Jugendlichen   die Künstlerinnen   ersten   meinen

009 **2. Hör noch einmal und sprich nach.**

010 **3. Hör zu und sprich nach.**

meine   Kette   denke   gehören   gefallen

besuchen   besichtigen   Tickets   habe   Tasche

011 **4. Im Rhythmus! Hör zu und sprich nach.**

- Deine Tasche gefällt mir sehr!
- Die gebe ich aber nicht her!
- Schade, ich finde sie toll!
- Dabei ist sie doch viel zu voll!
- Wem gehört denn diese Kette?
- Ach, wenn ich die nur hätte!

In nicht betonten Silben wird **e** nicht oder nur sehr schwach gesprochen.

PROJEKT

Ausflug nach Berlin

In der Gruppe: Ihr fahrt für zwei Tage nach Berlin. Macht ein Programm. Recherchiert auch im Internet.

Tag 1
vormittags: ?
nachmittags: ?
abends: ?

Tag 2
vormittags: ?
nachmittags: ?
abends: ?

Aktivitäten: Picknick im Tiergarten; Baden am Plötzensee; Stadtbesichtigung mit dem Bus; ...

Sehenswürdigkeiten in Berlin: Brandenburger Tor; Deutsches Historisches Museum; Museumsinsel; ...

Abends in Berlin: Konzert besuchen; nachts mit dem Fahrrad durch Berlin; essen gehen; ...

Diese Sätze helfen euch:

- Ich habe eine Idee / einen Vorschlag:
Wir können an Tag 1 vormittags das Brandenburger Tor besichtigen.
Wollen wir an Tag 1 vormittags ... besichtigen?
Habt ihr Lust, an Tag 1 vormittags ... zu besichtigen?

🙂
- Das finde ich gut!
- Gut! Ich bin einverstanden.
- Das ist interessant.

🙁
- Das finde ich nicht so gut.
- Nein, ich bin nicht einverstanden.
- Das ist langweilig.

Stellt euer Programm den anderen Gruppen vor.

Tag 1
vormittags: die East Side Gallery ansehen
nachmittags: shoppen auf dem Kurfürstendamm
abends: Currywurst essen, Spezialität in Berlin

An Tag 1 sehen wir vormittags die East Side Gallery an, denn wir finden das interessant. Am Nachmittag gehen wir zum Kurfürstendamm und wollen shoppen. Wir wollen Souvenirs für unsere Familien kaufen. Abends möchten wir eine Currywurst essen. Das ist eine Berliner Spezialität.

DAS KANN ICH SCHON!

In Berlin will/möchte ich ...
- meine Großeltern besuchen.
- ins Olympiastadion / in ein Museum gehen.
- die Sehenswürdigkeiten sehen.
- meine Kolleginnen und Kollegen wiedersehen.
- eine Stadtrundfahrt / eine Bootstour machen.
- eine Currywurst probieren.
- Spaziergänge durch die Stadt machen.

◆ Wie findest du Hanna/Luca?

○ Ich finde sie/ihn ... lustig. / sympathisch. / hilfsbereit. / nett. / witzig. / humorvoll. / freundlich. / klug. / intelligent.

◆ Mit wem möchtest du ins Olympiastadion gehen?

◆ Mit Sami? ○ Ja, mit ihm.
◆ Mit Hanna? ○ Ja, mit ihr.
◆ Mit Justine und Viktoria? ○ Ja, mit ihnen.

◆ Wem gehört/gefällt das?

○ Das gehört/gefällt Hanna/ihr.
○ Das gehört/gefällt Luca/ihm.
○ Das gehört/gefällt Hanna und Luca/ihnen.

◆ Gibst du mir bitte ...

den Reiseführer? ○ Ja, ich gebe ihn dir gern.
das Handy? ○ Ja, ich gebe es dir gern.
die Kamera? ○ Ja, ich gebe sie dir gern.
die Tickets? ○ Ja, ich gebe sie dir gern.

◆ Was machst du, wenn ...?

○ Wenn ich Berlin vom Wasser aus sehen möchte, (dann) mache ich eine Bootsfahrt.
○ Wenn ich Kunst zum Thema Mauerfall sehen möchte, (dann) sehe ich die East Side Gallery an.
○ Wenn ich Berlin von oben sehen möchte, (dann) besuche ich den Fernsehturm.
○ Wenn ich ein Selfie mit meinem Lieblingsprominenten machen möchte, (dann) besuche ich das Wachsfigurenkabinett.
○ Wenn ich den Arbeitsplatz vom Deutschen Bundestag sehen möchte, (dann) besuche ich den Reichstag.

◆ Ich habe eine Idee / einen Vorschlag:

Wir können das Brandenburger Tor besichtigen.

Wollen wir das Brandenburger Tor besichtigen?

Habt ihr Lust, das Brandenburger Tor zu besichtigen?

🙂
○ Das finde ich gut!
○ Gut! Ich bin einverstanden.
○ Das ist interessant.

🙁
○ Das finde ich nicht so gut.
○ Das ist langweilig.

LANDESKUNDE

www.berlin-highlights.net

B WILLKOMMEN IN BERLIN

Seit der deutschen Wiedervereinigung im Jahr 1990 hat Berlin eine bemerkenswerte Entwicklung erlebt. Berlin ist seit 1990 wieder die Hauptstadt Deutschlands und ist ein dynamisches Zentrum für Kultur, Kunst und Wissenschaft.

Die Einwohnerzahl ist seit der Wiedervereinigung ständig gestiegen. Mit über 3,8 Millionen Einwohnern ist Berlin die größte Stadt Deutschlands. Berlin ist nicht nur eine Stadt, sondern auch eines der 16 Bundesländer.

In Berlin gibt es tolle Einkaufsmöglichkeiten: Flohmärkte, Einkaufszentren, Boutiquen und große Einkaufsstraßen wie der Kurfürstendamm oder die Friedrichstraße bieten eine große Auswahl für jeden Geschmack und jede Geldbörse.

Die Stadt ist auch für die vielen Grünflächen bekannt. Der Tiergarten ist einer der größten Stadtparks in Europa und ist ein beliebtes Ziel für Spaziergänge und Picknicks. Es gibt in der Stadt über 400.000 Bäume! Berlin ist auch eine Stadt mit viel Wasser. Die beiden großen Flüsse heißen Spree und Havel. Und es gibt viele Seen und Kanäle.

Wer sich für Kultur interessiert, ist in Berlin genau richtig. Es gibt eine lebendige Kunst- und Musikszene und viele Theater und Museen. Jedes Jahr findet dort auch die Berlinale statt, ein internationales Filmfestival.

Berlin ist auch bekannt für seine multikulturelle Atmosphäre. Menschen aus der ganzen Welt kommen in die Stadt, sie wollen dort leben, arbeiten oder studieren. Und deshalb ist auch die Restaurantszene in Berlin vielfältig und international. Man findet nicht nur traditionelle deutsche Küche, sondern auch exotische Spezialitäten.

1 Lies den Text. Was passt zusammen? Ordne zu.

1. 1990 → d
2. über 3,8 Millionen
3. Kurfürstendamm und Friedrichstraße
4. Tiergarten
5. Spree und Havel
6. Berlinale

a. Park in Berlin
b. internationales Filmfest
c. Flüsse in Berlin
d. Wiedervereinigung Deutschlands
e. Einwohnerzahl
f. Einkaufsstraßen

2 Beantworte die Fragen.

1. Wie viele Einwohner hat Berlin?
2. Ist die Einwohnerzahl seit der Wiedervereinigung gestiegen ↑ oder gesunken ↓?
3. Welche Einkaufsmöglichkeiten bietet Berlin?
4. Warum ist Berlin eine grüne Stadt?
5. Was ist die Berlinale? Wie oft findet sie statt?
6. Warum ist die Restaurantszene in Berlin so vielfältig?

1. Berlin hat …

12

GRAMMATIK AUF EINEN BLICK

Possessivartikel im Nominativ

	maskulin		neutral		feminin		Plural	
ich	mein	Freund	mein	Kaninchen	meine	Freundin	meine	Eltern
du	dein		dein		deine		deine	
er/es	sein		sein		seine		seine	
sie	ihr		ihr		ihre		ihre	
wir	unser		unser		unsere		unsere	
ihr	euer		euer		eure		eure	
sie	ihr		ihr		ihre		ihre	
Sie	Ihr		Ihr		Ihre		Ihre	

Possessivartikel im Akkusativ

	maskulin		neutral		feminin		Plural	
ich	mein**en**	Freund	mein	Kaninchen	meine	Freundin	meine	Eltern
du	dein**en**		dein		deine		deine	
er/es	sein**en**		sein		seine		seine	
sie	ihr**en**		ihr		ihre		ihre	
wir	unser**en**		unser		unsere		unsere	
ihr	eur**en**		euer		eure		eure	
sie	ihr**en**		ihr		ihre		ihre	
Sie	Ihr**en**		Ihr		Ihre		Ihre	

Possessivartikel im Dativ

	maskulin		neutral		feminin		Plural	
ich	mein**em**	Freund	mein**em**	Kaninchen	mein**er**	Freundin	mein**en**	Eltern
du	dein**em**		dein**em**		dein**er**		dein**en**	
er/es	sein**em**		sein**em**		sein**er**		sein**en**	
sie	ihr**em**		ihr**em**		ihr**er**		ihr**en**	
wir	unser**em**		unser**em**		unser**er**		unser**en**	
ihr	eur**em**		eur**em**		eur**er**		eur**en**	
sie	ihr**em**		ihr**em**		ihr**er**		ihr**en**	
Sie	Ihr**em**		Ihr**em**		Ihr**er**		Ihr**en**	

Ergänze.

1. Herr Kohl parkt *sein* Auto vor der Schule.
2. Tina hat viele Freunde. Wo wohnen ? Freunde?
3. Wo wohnt ihr? Wir kennen ? Adresse nicht.
4. Die Schüler fahren mit ? Lehrer nach Berlin.
5. Wie heißt ? Sohn, Frau Wagner?
6. Tina spricht mit ? Eltern über die Probleme in der Schule.
7. Ruf mich morgen an. Du hast ? Handynummer, nicht wahr?

Verben mit Dativ: *gehören, gefallen*

	maskulin		neutral		feminin		Plural	
	dem		dem		der		den	
Das T-Shirt gehört/gefällt …	einem	Freund	einem	Kind	einer	Freundin	–	Freunden
	meinem		meinem		meiner		meinen	
	ihm		ihm		ihr		ihnen	

Ergänze.

1. Der Film gefällt d? Opa, d? Mathelehrerin, d? Schülern.
2. Das Auto gehört mein? Eltern, mein? Opa, mein? Freundin.

Fragepronomen im Nominativ, Akkusativ und Dativ

Nominativ	Wer?	Wer ist der Mann da?
Akkusativ	Wen?	Wen findest du lustig?
Dativ	Wem?	Wem gehören die Tickets?

Ergänze.

1. *Wer* kommt heute?
2. ? triffst du im Café?
3. ? gehört das?
4. ? siehst du in der Schule?
5. ? bekommt immer gute Noten?
6. ? gefällt das Bild?

Personalpronomen im Nominativ, Akkusativ und Dativ

Nominativ: Wer?	Akkusativ: Wen?	Dativ: Wem?
ich	mich	mir
du	dich	dir
er / es / sie	ihn / es / sie	ihm / ihm / ihr
wir	uns	uns
ihr	euch	euch
sie / Sie	sie / Sie	ihnen / Ihnen

◆ Wie findest du Luca?
○ Ich finde ihn sympathisch.

◆ Wie findest du Justine?
○ Ich finde sie nett.

◆ Wie findest du meine Freunde?
○ Ich finde sie lustig.

◆ Gehört der Reiseführer Herrn Huber?
○ Ja, er gehört ihm.

◆ Gehört das T-Shirt Justine?
○ Ja, es gehört ihr.

◆ Gehören die Tickets den Freunden?
○ Ja, sie gehören ihnen.

Ergänze.

1. ◆ Mit wem hast du telefoniert? Mit Timo?
   ○ Ja, mit *ihm*.
2. ◆ Siehst du heute Tabea in der Schule?
   ○ Ja, ich sehe ?.
3. ◆ Kannst du ? bitte helfen?
   ○ Ja, ich gebe ? gern ein paar Tipps.
4. Die Kinder sind krank. Die Mutter geht mit ? zum Arzt.
5. Kannst du ? später anrufen? Ich habe gerade keine Zeit.
6. Wo treffen wir ? heute Abend?
7. Frau Stein, geht es ? heute besser?

12

GRAMMATIK AUF EINEN BLICK

Position von Akkusativ- und Dativpronomen im Satz

Position 1	Position 2	Position 3	Position 4
Ich	gebe	meinem Freund	mein Handy.
Ich	gebe	ihm	mein Handy.
Ich	gebe	es	ihm
Ich	gebe	es	meinem Freund.

Antworte.

1. Gibst du Tina das Buch? – Ja, *ich gebe es ihr.*
2. Kaufst du deinem Bruder das T-Shirt? – Ja, ?.
3. Zeigst du mir dein Handy? – Ja, ?.
4. Schickst du uns deine Telefonnummer? – Ja, ?.
5. Kaufst du der Oma die Blumen? – Ja, ?.
6. Bringst du deinem Bruder das Heft? – Ja, ?.

Konjunktion *wenn*

Wenn ich Berlin vom Wasser aus sehen möchte, (dann) mache ich eine Bootsfahrt auf der Spree.

Wenn ich Berlin von oben sehen möchte, (dann) besuche ich den Fernsehturm.

Ergänze frei.

1. Wenn ich müde bin, ?.
2. Wenn ich Hunger habe, ?.
3. Wenn ich Zeit habe, ?.

Modale Präposition *für*

für + Akkusativ
für meinen Freund
für mein Kaninchen
für meine Freundin

Ergänze. Für wen sind die Blumen?

1. für *meine* Oma
2. für ? Freundin
3. für ? Eltern
4. für ? Bruder
5. für ? Opa
6. für ? Kaninchen

→ AB S. 29-31

TRAINING

LESEN

1 **Lies den Text und löse dann die Aufgaben.**

www.juz-rubriken.net

In der Jugendherberge

Ein Beitrag von Katharina Wancka

„Tut mir leid, kein Bett mehr frei", sagt die Frau an der Rezeption. Enttäuscht nimmt Jean Paul seinen schweren Rucksack ab und setzt sich auf den Boden. Der junge Franzose aus Paris musste in Frankfurt umsteigen und sein Zug ist mit zwei Stunden Verspätung am Berliner Hauptbahnhof angekommen. Und in der Jugendherberge sind jetzt alle der mehr als 390 Betten belegt. Jean Paul hat leider keinen Schlafplatz: Er hat nicht reserviert. Wer ohne Reservierung kommt, bekommt vielleicht kein Zimmer mehr. Und das ist Jean Paul leider passiert! In den Sommermonaten sind Berlins Jugendherbergen oft völlig ausgebucht. Kein Wunder bei dem Preis und dem Komfort. Ab circa 30 Euro pro Nacht (Frühstück inklusive) gehört Berlin mit seinen Jugendherbergen zu den begehrtesten Städten Europas. Man kann Ein- und Zweibettzimmer oder Familienzimmer buchen. Alle Zimmer haben Waschbecken; WC und Dusche sind manchmal auch mit im Zimmer oder auf der Etage.

„Super", sagt Bettina aus Dortmund. „Ich war schon in anderen Jugendherbergen, aber hier gefällt es mir besonders gut. Die Ausstattung ist sehr gut und es sind so viele nette Leute aus der ganzen Welt da." Übrigens sind Jugendherbergen nicht nur für junge Leute. Auch Senioren und Familien mit Kindern sind unter den Gästen.
Inzwischen hat man für Jean Paul eine Lösung gefunden: Man hat ein Notbett aufgestellt. „Morgen bekommst du dann einen Schlafplatz", sagt die Frau an der Rezeption. Jean Paul ist erleichtert: Er muss heute Nacht nicht unter einer Brücke oder am Bahnhof schlafen.

Ist das richtig (R) oder falsch (F)?

	R	F
1. Jean Paul kommt aus Frankfurt.	?	⊗
2. Jean Paul bekommt kein Zimmer, weil er nicht reserviert hat.	?	?
3. In der Jugendherberge kann man günstig übernachten.	?	?
4. Bettina aus Dortmund ist mit der Jugendherberge sehr zufrieden.	?	?
5. Eine Jugendherberge ist eine Einrichtung nur für junge Leute.	?	?
6. Jean Paul übernachtet in einer anderen Jugendherberge in Berlin.	?	?

TRAINING

HÖREN

012 **2 Gäste in der Jugendherberge. Was ist richtig: a, b, oder c? Hör zu und mach Notizen.**

1. Die Schülerinnen und Schüler befinden sich in einer Jugendherberge in ...
   - ? a. Frankfurt.
   - ☒ b. Nürnberg.
   - ? c. Freiburg.
2. Die Schülerinnen und Schüler kommen aus ...
   - ? a. Frankfurt.
   - ? b. Nürnberg.
   - ? c. Freiburg.
3. Wer hat die Klassenfahrt organisiert?
   - ? a. Der Deutschlehrer.
   - ? b. Der Geschichtslehrer.
   - ? c. Die Schüler selbst.
4. Wie lange bleiben die Schülerinnen und Schüler in Nürnberg?
   - ? a. Zwei Tage.
   - ? b. Drei Tage.
   - ? c. Fünf Tage.
5. Wie gefällt ihnen die Jugendherberge in Nürnberg?
   - ? a. Gut.
   - ? b. Geht so.
   - ? c. Nicht so gut.
6. In der Jugendherberge sind alle Zimmer ...
   - ? a. Einzelzimmer.
   - ? b. Sechsbettzimmer.
   - ? c. mit Dusche und WC.
7. Sind im Moment andere Schulklassen in der Jugendherberge?
   - ? a. Ja, auch eine Schulklasse aus Italien.
   - ? b. Nur eine Schulklasse aus Italien.
   - ? c. Nein, nur die Schülerinnen und Schüler des Goethe-Gymnasiums.
8. Welche Verpflegung hat die Klasse in der Jugendherberge gebucht?
   - ? a. Nur Frühstück.
   - ? b. Halbpension.
   - ? c. Vollpension.
9. Am Abend ...
   - ? a. gehen die Schülerinnen und Schüler in eine Disco in der Stadt.
   - ? b. treffen sich die Schülerinnen und Schüler in einem Lokal in der Jugendherberge.
   - ? c. gehen die Schülerinnen und Schüler früh schlafen, weil sie müde sind.
10. Die Schülerinnen und Schüler des Goethe-Gymnasiums ...
   - ? a. müssen die Seminarräume selbst putzen.
   - ? b. gehen am Nachmittag durch die Stadt spazieren.
   - ? c. arbeiten gemeinsam an einem Projekt.

SPRECHEN

3 Diskussion

Deine Schulklasse will eine Klassenfahrt machen. Sprich mit deiner Partnerin / deinem Partner über mögliche Ziele und über die Vorbereitung der Klassenfahrt. Stellt eure Ergebnisse dann in der Klasse vor. Folgende Fragen können euch dabei helfen:

- Wohin?
- Wann?
- Wie lange?
- Unterkunft?
- Verkehrsmittel?
- Was unternehmt ihr? Findet zwei Aktivitäten.

SCHREIBEN

4 Schreib eine Mail an eine deutsche Freundin / einen deutschen Freund und erzähle ihr/ihm von einer Klassenfahrt. Geh dabei auf folgende Punkte ein:

- Reiseziel
- Unterbringung in einer Jugendherberge
- Dauer: 4 Tage
- Begleitpersonen: Deutschlehrer + Mathelehrerin
- Fahrt: Mit dem Zug? Mit dem Bus? Wie viele Stunden?
- Programm: Nenn zwei Programmpunkte.

Liebe/Lieber ..., unsere Klasse hat eine Fahrt organisiert. Weißt du, wohin wir fahren? Nach ...
Viele Grüße

VIDEO

VIDEO 12 Das Museum Checkpoint Charlie

1 Vor dem Sehen: Wie heißen die Wörter in deiner Sprache? Sprecht in der Klasse.

der Kontrollpunkt | der Sektor | das Plakat | die Mauer | die Teilung | fliehen | sich verstecken | berichten | das Ereignis | der Aufstand | bauen | überspringen | der Heißluftballon | das Kanu | der Drachenflieger

2 Sieh das Video an: Ordne in der richtigen Reihenfolge.

Im Museum Checkpoint Charlie sieht man ...

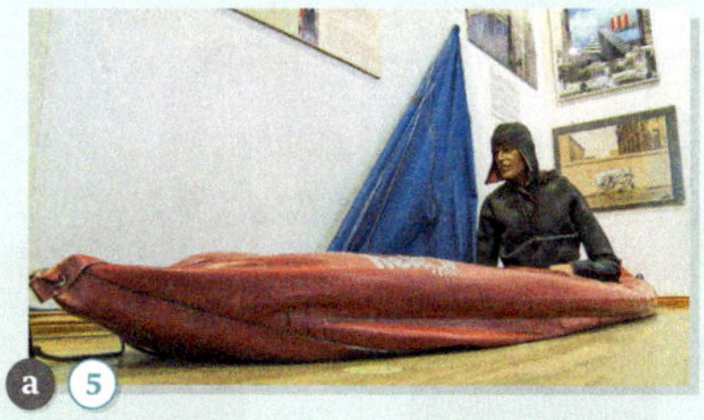

a 5 ein Kanu

b ? einen Heißluftballon

c ? Plakate und Fotos über die Geschichte der Mauer

d ? ein Fluchtauto

e ? ein Modell der Maueranlage

f ? einen Drachenflieger

3 Wie geht der Satz weiter? Ordne zu.

1. Der Checkpoint Charlie war ... → b
2. Am Checkpoint Charlie endete ...
3. Am Checkpoint Charlie steht heute ...
4. Das Museum informiert über ...
5. Jedes Jahr besuchen ...
6. Zentraler Punkt des Museums sind ...

a. die Geschichte der Mauer und der Teilung Berlins.
b. der Kontrollpunkt der Amerikaner in Berlin.
c. über 800.000 Leute das Mauermuseum.
d. der amerikanische Sektor.
e. die Ereignisse des 13. August 1961.
f. ein Museum.

4 Möchtest du das Museum Checkpoint Charlie besuchen? Welche Museen interessieren dich? Sprecht in der Klasse.

13 Gesundheit und Krankheit

A Viktoria beim Arzt

1 **Wie heißen die Wörter in deiner Sprache? Sprecht in der Klasse.**

das Fieber | die Tablette | das Rezept | untersuchen | einatmen | ausatmen | husten
das Thermometer | die Halsschmerzen | die Kopfschmerzen | die Bronchitis | krank

2 **Wer sagt was? Lies die Sätze und ordne sie den Fotos zu.**

a. Vicky, du hast Fieber: 38,5. Ich rufe sofort den Arzt an und mache einen Termin aus.
b. Tut mir leid, Vicky, aber du kannst nicht spielen. Du brauchst Ruhe. Und nimm diese Tabletten. Hier ist das Rezept.
c. Vicky, ich muss dich untersuchen. Mal sehen ... tief einatmen, langsam ausatmen, husten ...
d. Vielleicht hast du Fieber. Moment mal. Ich hole das Thermometer.
e. Und, Herr Doktor? Was ist mit Vicky los? Ist es schlimm?
f. Morgen, Mama. Es geht mir so schlecht: Ich habe Halsschmerzen, Kopfschmerzen und mir ist kalt ...
g. Bronchitis? Und was mache ich jetzt? Morgen spielt meine Volleyball-Mannschaft und ...
h. Hallo, Steffi! Schlechte Nachrichten: Ich bin morgen nicht dabei. Ich bin krank und muss im Bett bleiben.
i. Aber nein! Das ist nur eine leichte Bronchitis.

013 **3** **Zur Kontrolle: Hör zu.**

4 **Lies die Sätze in Aufgabe 2 noch einmal. Ordne zu und schreib die Sätze in dein Heft.**

Vicky
Die Mutter
Der Arzt

macht einen Termin beim Arzt aus.
hat Fieber, Kopf- und Halsschmerzen.
untersucht Vicky.
hat eine leichte Bronchitis.
braucht Ruhe und kann nicht Volleyball spielen.
bekommt Tabletten.

Vicky hat Fieber, Kopf- und Halsschmerzen.

014 **5** **Wie heißen die Körperteile? Hör zu und sprich nach.**

1. der Kopf
2. das Auge, -n
3. das Ohr, -en
4. die Nase
5. der Mund
6. der Zahn, ⸚e
7. der Hals
8. der Arm, -e
9. die Brust

10. die Hand, ⸚e
11. der Finger, -
12. der Bauch
13. der Rücken
14. die Schulter, -n
15. das Bein, -e
16. das Knie, -
17. der Fuß, ⸚e

6 **Sieh die Fotos eine Minute lang an. Mach dann das Buch zu.
Nenn so viele Körperteile wie möglich.**

7 **Na, wie geht's dir? Spielt Dialoge.**

Na, wie geht's dir?

Nicht so gut.

Warum?

Mir tut der Bauch weh.

Das tut mir leid.

Und die Ohren tun mir auch weh.

Mir **tut** der Kopf weh.
Mir **tun** die Füße weh.

8 **Spielt Dialoge.**

Na, Viktoria ... was tut dir weh? Der Kopf?

Ja, ich habe schreckliche **Kopf**schmerzen.

Und seit wann?

Seit gestern.

1. der Bauch
2. der Hals
3. der Rücken
4. die Ohren
5. der Zahn

seit + **Dativ**

seit gestern
seit einem Monat
seit einer Woche
seit drei Tagen

9 **Was hilft gegen ...? Ordne zu und erkläre.**

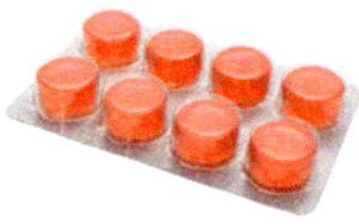			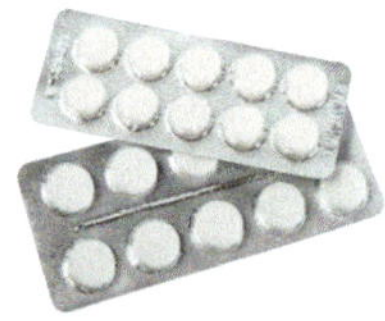	
Halstabletten	Hustensaft	Nasenspray	Schmerztabletten	Kamillentee
1 ?	2 ?	3 ?	4 ?	5 ?

a. Bauchschmerzen
b. Halsschmerzen
c. Schnupfen
d. Kopfschmerzen
e. Husten

10 **Spielt Dialoge.**

1. ◆ Warum nimmst du Halstabletten?
   ○ Weil ich Halsschmerzen habe.
2. ◆ Was nimmst du, wenn du Halsschmerzen hast?
   ○ Wenn ich Halsschmerzen habe, nehme ich Halstabletten.

015 **11** **Wer hat welche Schmerzen? Hör zu und mach Notizen. Schreib dann Sätze in dein Heft.**

Herr Blum	Frau Specht	Jana	Max	
?	?	?	?	... hat Bauchschmerzen.
?	?	?	?	... hat Zahnschmerzen.
?	?	?	?	... hat Rückenschmerzen.
✕	?	?	?	... hat Halsschmerzen.
Warum?				
?	?	?	?	... hat im Garten gearbeitet.
?	?	?	?	... hatte keine Jacke dabei.
?	?	?	?	... isst zu viele Bonbons.
?	?	?	?	... hat Angst vor der Mathearbeit.

Herr Blum hat Halsschmerzen, weil ...

12 **Zu welchem Arzt gehst du? Sprich mit deiner Partnerin / deinem Partner.**

1
Dr. med. Paul Söhrer
Facharzt für Allgemeinmedizin
Termine nur nach Vereinbarung
Mo–Fr 8:30–12:00 Uhr
Mo, Di, Do, Fr 14:00–17:00 Uhr

2
DR. MED. PETRA GERBER
Augenärztin
Sprechstunden
Mo–Fr 8:00–13:00 Uhr
Mo, Mi, Do 14:00–17:30 Uhr

3
Dr. Elif Abali
Zahnärztin
Sprechzeiten

Mo	8.30–12.30 Uhr / 14:00–18:00 Uhr
Di	8:30–13:00 Uhr / 14.30–19:00 Uhr
Mi	7:30–12:30 Uhr
Do	8:30–12:30 Uhr / 14:00–18:00 Uhr
Fr	8:00–13:00 Uhr
Sa	8:00–13:00 Uhr

4
Dr. med. Rafik Mirhani
ORTHOPÄDIE / SPORTMEDIZIN
Mo–Do 7:30 - 12:30 Uhr
Weitere Termine nach Vereinbarung

a. Ich habe Grippe.
b. Ich habe Zahnschmerzen.
c. Ich kann nicht gut sehen.
d. Ich habe mir meinen Fuß gebrochen.

13 **Spielt Dialoge.**

- Warum gehst du zu Doktor Söhrer?
- Ich gehe zu Doktor Söhrer, weil ich eine Grippe habe.

- Was machst du, wenn du eine Grippe hast?
- Wenn ich eine Grippe habe, gehe ich zu Dr. Söhrer.

14 **Lies die Schilder in Aufgabe 12 noch einmal. Bekommst du einen Termin bei ...? Ja oder nein?**

1. Am Dienstagnachmittag bei Dr. Söhrer? Ja ? Nein ?
2. Am Freitagnachmittag bei Dr. Gerber? Ja ? Nein ?
3. Am Samstagvormittag bei Dr. Abali? Ja ? Nein ?
4. Am Montagnachmittag bei Dr. Mirhani? Ja ? Nein ?

15 **Zu zweit. Sprecht wie im Beispiel.**

Ich möchte am Dienstag um 7:30 Uhr zu Dr. Abali. Geht das?

Nein, am Dienstag hat sie von 8:30 Uhr bis 14:30 Uhr Sprechstunde. Die Praxis ist um 7:30 Uhr noch geschlossen.

Die Praxis ist geöffnet.
Die Praxis ist geschlossen.

16 **Und du? Wann hattest du zum letzten Mal Schmerzen? Warum?**

Ich hatte letzten Monat Hals- und Kopfschmerzen. Ich hatte eine Erkältung.

→ AB S. 32-36

B Forum: SOS-Hilfe

17 **Lies die Texte im Forum. Wer hat welches Problem? Ordne zu.**

www.hilfe-bei-problemen.net

STEFAN

Seit einem Monat habe ich regelmäßig Kopfschmerzen. Mein Hausarzt sagt, das ist Schulstress. Aber Schulstress auch wenn ich zu Hause bin? Oder wenn ich abends vor dem Fernseher oder am Computer sitze?

MARKUS

Ich glaube, der Arzt hat recht: Das ist Schulstress. Mach regelmäßig Pausen! Schalte dein Handy jeden Tag für ein paar Stunden aus. Geh viel spazieren und hör Musik! Trink viel Wasser. Auch sehr wichtig: Sprich mit deinem Klassenlehrer. Warte damit nicht zu lange! Er hat bestimmt Verständnis. Und nimm bitte keine Tabletten!

KATJA UND MANU

Wir haben ein Problem. Was können wir gegen unsere Pickel machen? Wir sind beide 15 und finden unsere Pickel einfach schrecklich. Kann uns jemand helfen und ein paar Tipps geben? 1000 Dank.

EMMA

Das ist nicht so schlimm. Ich hatte auch dasselbe Problem. Hier meine Tipps: Esst gesund und esst nichts Fettes wie zum Beispiel Pommes oder Hamburger. Wascht das Gesicht regelmäßig mit Wasser und Seife! Geht viel an die frische Luft, das tut der Haut gut. Wenn das alles nichts nutzt, dann ruft einen Hautarzt an und macht einen Termin!

SABINE Z.

Ich bin 55 Jahre alt, 1,62 groß und finde mich zu dick. Ich wiege 70 Kilo. Was kann ich tun? Wer hat gute Tipps für mich?

KATHARINA

Sie sind nicht zu dick! Sie haben höchstens ein paar Kilo Übergewicht. Mit der richtigen Ernährung sind Sie die ganz schnell los: Essen Sie vernünftig! Mehrmals pro Tag kleine Portionen, kein Fastfood und keine Süßigkeiten. Und trinken Sie viel Wasser: Wenn der Magen voll ist, haben Sie keinen Hunger. Und machen Sie Sport: Gehen Sie joggen, fahren Sie Fahrrad! Und noch ein Tipp: Machen Sie keine Diäten, sie helfen langfristig sowieso nicht.

Stefan	Probleme mit der Haut
Katja und Manu	Probleme mit dem Gewicht
Sabine Z.	Probleme mit zu viel Stress

18 **Welche Tipps bekommen Stefan (a), welche Katja und Manu (b), welche Sabine Z. (c)? Was meinst du? Ordne zu.**

1. Esst gesund und esst nichts Fettes! *b*
2. Mach regelmäßig Pausen! ?
3. Geh viel spazieren und hör Musik! ?
4. Essen Sie vernünftig! ?
5. Geht viel an die frische Luft! ?
6. Trinken Sie viel Wasser! ?
7. Schalte dein Handy jeden Tag für ein paar Stunden aus! ?
8. Sprich mit deinem Klassenlehrer. Warte damit nicht zu lange! ?
9. Nimm bitte keine Tabletten! ?
10. Wascht das Gesicht regelmäßig mit Wasser und Seife! ?
11. Ruft einen Hautarzt an und macht einen Termin! ?
12. Machen Sie Sport! Gehen Sie joggen, fahren Sie Fahrrad! ?
13. Machen Sie keine Diäten! ?

19 **Lies die Texte im Forum noch einmal. Kontrolliere deine Antworten in Aufgabe 18.**

20 **Wie heißt der Imperativ? Ergänze die Formen in deinem Heft.**

Imperativ	du	ihr	Sie
machen	*Mach*!	?!	? Sie!
trinken	?!	Trinkt!	? Sie!
gehen	?!	?!	? Sie!
hören	?!	Hört!	Hören Sie!
anrufen	Ruf an!	?!	Rufen Sie an!
warten	?!	Wartet!	Warten Sie!
ausschalten	?!	Schaltet aus!	Schalten Sie aus!
nehmen	?!	Nehmt!	Nehmen Sie!
essen	Iss!	?!	? Sie!
sprechen	?!	Sprecht!	Sprechen Sie!
waschen	Wasch!	?!	Waschen Sie!
fahren	Fahr!	Fahrt!	? Sie!

21 **Hast du Tipps für mich? Ergänze.**

Hi Tina, ich bin zurzeit immer so müde!
Hast du Tipps für mich?

Ach, du Arme! Also: (1) ? früh ins Bett! *(gehen)*
(2) ? nicht zu lange, 8 Stunden sind genug. *(schlafen)*
(3) ? ausreichend, mindestens zwei Liter Wasser pro Tag. *(trinken)*
Und (4) ? nicht zu viel, (5) ? dir Zeit für regelmäßige Pausen!
(arbeiten, nehmen)
Wenn es nicht besser wird, dann (6) ? deinen Arzt ? und
(7) ? einen Termin. *(anrufen, machen)*
Alles Gute!

22 **Wir wollen gesund leben. Spielt Dialoge.**

- ◆ Was können wir tun?
- ○ Macht viel Sport!

viel Sport machen | viel trinken | ausreichend schlafen | oft spazieren gehen | nicht rauchen | oft Freunde und Familie sehen | immer wieder etwas Neues lernen

23 **Haben Sie einen Tipp für mich? Schreib einen Beitrag in das Forum.**

viel Wasser trinken | nicht nach 18 Uhr essen | Zitronen-Tee trinken | Schultergymnastik machen | ein Bad nehmen | eine Massage ausprobieren | keine Süßigkeiten essen

www.hilfe-bei-problemen.net

Ich habe oft Kopfschmerzen. Haben Sie Tipps für mich? Was kann ich tun?

Trinken Sie viel Wasser und …
Gute Besserung!

24 **Arbeitet in Gruppen und überlegt zu jeder Situation drei bis vier Tipps.**

Elias hat Pickel.

Elias
– Geh zum Arzt!
…

Matteo und Mila haben schlechte Noten.

Matteo und Mila
– Lernt oft!
…

Frau Bondok ist krank, sie hat Fieber.

Frau Bondok
– Schlafen Sie viel!
…

→ AB S. 36-38

C Was tust du für deine Gesundheit?

25 **Lebst du gesund? Mach den Test.**

www.gesund-leben.web

TEST

♡ *Wie gesund lebst du?* ♡

1. **Was isst du zum Frühstück?**
   - **a.** Müsli, frisches Obst, Brot und Marmelade. Dazu trinke ich einen Saft.
   - **b.** Kekse. Dazu trinke ich ein Glas Tee.
   - **c.** Ich esse und trinke nichts.
2. **Du bist im Restaurant: Was nimmst du?**
   - **a.** Gegrilltes Gemüse mit Salat.
   - **b.** Schnitzel mit Kartoffelsalat.
   - **c.** Hamburger mit Pommes.
3. **Wie oft isst du Fleisch?**
   - **a.** Maximal einmal pro Woche.
   - **b.** Mehrmals pro Woche.
   - **c.** Ich esse jeden Tag Fleisch.
4. **Gemüse ist ...**
   - **a.** lecker. Ich mag Gemüse.
   - **b.** gesund. Ich esse aber selten Gemüse.
   - **c.** langweilig. Ich esse lieber Pommes.
5. **Isst du viele Süßigkeiten und Knabbereien?**
   - **a.** Nur sehr selten esse ich Chips.
   - **b.** Wenn ich unter Stress bin, esse ich Schokolade.
   - **c.** Ich habe immer etwas dabei.
6. **Wie viel Wasser trinkst du täglich?**
   - **a.** 2–3 Liter am Tag.
   - **b.** 1 Liter am Tag.
   - **c.** Ich trinke nur Cola und Limo.
7. **Machst du Sport?**
   - **a.** Ja, mindestens 3x die Woche.
   - **b.** Ja, aber nicht regelmäßig.
   - **c.** Nein, ich bin kein sportlicher Typ.
8. **Gehst du oder fährst du zur Schule?**
   - **a.** Ich gehe zu Fuß oder fahre mit dem Fahrrad.
   - **b.** Ich gehe zu Fuß zur Bushaltestelle.
   - **c.** Meine Mutter fährt mich zur Schule.
9. **Wie viel Zeit verbringst du pro Tag am Handy?**
   - **a.** Ein bis zwei Stunden.
   - **b.** Drei bis vier Stunden.
   - **c.** Mehr als vier Stunden.
10. **Wie viele Stunden schläfst du pro Nacht?**
    - **a.** Mindestens 7 Stunden. Danach bin ich ausgeruht.
    - **b.** 8–9 Stunden, aber danach bin ich immer noch müde.
    - **c.** 5–6 Stunden, weil ich abends bis spät am Computer sitze oder fernsehe.

WIE VIELE PUNKTE HAST DU?

a. = 3 Punkte | **b.** = 2 Punkte | **c.** = 1 Punkt

26–30 Punkte 😃 Du lebst sehr gesund!

21–25 Punkte 🙂 Du lebst gesund.

16–20 Punkte 😐 Du lebst nicht sehr gesund. Du kannst mehr für deine Gesundheit machen.

< 15 Punkte ☹️ Du lebst ungesund! Du musst mehr für deine Gesundheit machen.

26 **Wer sagt was? Ordne zu und schreib die Sätze in dein Heft.**

Vicky		regelmäßig zum Arzt	isst.
Sami		seit zwei Jahren nicht mehr	trinkt.
Herr Huber	sagt, dass er / sie	viel Sport	geht.
Hanna		keine Cola mehr	verzichtet.
Justine		viel Obst und Gemüse	raucht.
Martin		auf Fastfood	macht.

Hanna sagt, dass sie regelmäßig zum Arzt geht.

dass

Sami sagt, **dass** er viel Sport **macht**.

auch so nach:
- *meinen, denken, finden, hoffen ...*
- *wissen, habe gehört ...*
- *Es ist wichtig / Ich bin sicher / ...*

27 **Spielt Dialoge.**

1. ◆ Was sagt Sami?
   ○ Er sagt, dass er viel Sport macht.
2. ◆ Weißt du, dass Sami viel Sport macht?
   ○ Ja, ich habe gehört, dass Sami viel Sport macht.

016 **28** **Frau Stein und der Sport. Hör das Interview und mach Notizen.**

1. Wo spielt die Situation?
   (?) In einer Turnhalle.
   (x) In einem Park.
   (?) Zu Hause.
2. Was macht Frau Stein dort?
   (?) Sie macht Gymnastik.
   (?) Sie macht Yoga.
   (?) Sie joggt.
3. Was macht Frau Stein nicht?
   (?) Tennis spielen.
   (?) Rad fahren.
   (?) Schwimmen.
4. Was isst Frau Stein oft?
   (?) Fleisch und Wurst.
   (?) Nudeln und Reis.
   (?) Obst und Gemüse.
5. Essen die Kinder von Frau Stein gern Obst und Gemüse?
   (?) Ja.
   (?) Oft.
   (?) Nein.
6. Was tut Frau Stein noch für ihre Gesundheit?
   (?) Sie geht regelmäßig zum Arzt.
   (?) Sie isst kein Fleisch.
   (?) Sie raucht nicht.

29 Was sagt Frau Stein? Erzähle.

AUSSPRACHE

017 **1. Hör zu und sprich nach.**

Kopf + Schmerzen → Kopfschmerzen
Hals + Schmerzen → Halsschmerzen
Bauch + Schmerzen → Bauchschmerzen
Zahn + Schmerzen → Zahnschmerzen
Rücken + Schmerzen → Rückenschmerzen

Sprechen + Stunde → Sprechstunde
Schule + Stress → Schulstress

018 **2. Hör zu und sprich nach.**

Essen Sie vernünftig? ↗	Essen Sie vernünftig! ↘
Trinken Sie viel Wasser? ↗	Trinken Sie viel Wasser! ↘
Machen Sie Sport? ↗	Machen Sie Sport! ↘
Fahren Sie Fahrrad? ↗	Fahren Sie Fahrrad! ↘
Gehen Sie zum Arzt? ↗	Gehen Sie zum Arzt! ↘
Nehmen Sie Tabletten? ↗	Nehmen Sie Tabletten! ↘

→ AB S. 39-43

PROJEKT

Ihr macht eine Projektwoche zum Thema *Ernährung und Bewegung* in der Klasse. Zu viert: Was macht ihr in dieser Woche? Was ist euch wichtig? Macht ein Poster.

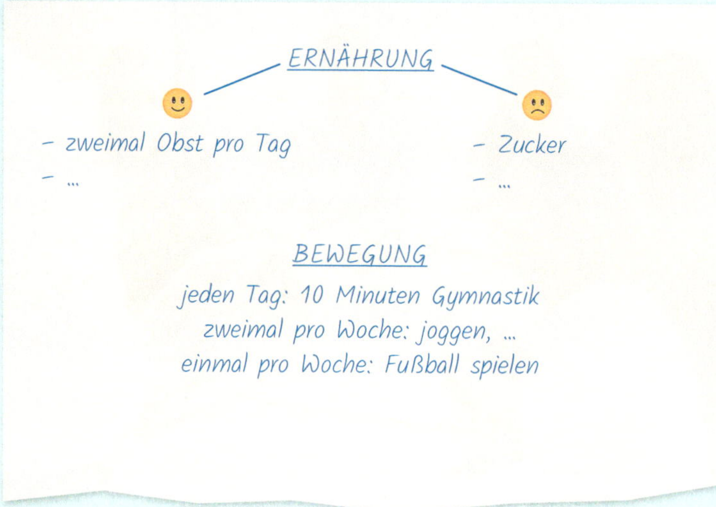

Diese Sätze helfen euch:

- Ich finde es wichtig, dass wir in der Woche keinen Zucker essen.
- Ich bin der Meinung, dass wir ...
- Findet ihr es auch wichtig, dass wir ...?
- Was denkt/meint ihr?

🙂

- Das finde ich auch (wichtig).
- Ich denke, dass du recht hast.
- Das ist eine gute Idee. Ich bin einverstanden.
- Ich bin (auch) dafür.

🙁

- Das finde ich nicht so wichtig.
- Also, ich weiß nicht. Ein bisschen Zucker ist ja nicht schlimm.
- Ich bin dagegen.

Stellt euer Poster in der Klasse vor.

Wir essen diese Woche keinen Zucker, das heißt wir essen keine Süßigkeiten und trinken keine Säfte mit Zucker.

Wir essen jeden Tag mindestens zweimal Obst. Das finden wir wichtig.

Wir machen jeden Tag 10 Minuten Gymnastik vor dem Unterricht. Und zweimal in der Woche ...

DAS KANN ICH SCHON!

Ich bin krank.	Ich habe Fieber. Ich habe Halsschmerzen. Ich habe Kopfschmerzen. Ich muss im Bett bleiben. Ich habe eine Bronchitis.
◆ Was tut dir weh?	○ Mir tut der Kopf weh. Ich habe Kopfschmerzen. ○ Mir tut der Hals weh. Ich habe Halsschmerzen. ○ Mir tut der Bauch weh. Ich habe Bauchschmerzen. ○ Mir tut der Rücken weh. Ich habe Rückenschmerzen. ○ Mir tun die Ohren weh. Ich habe Ohrenschmerzen. ○ Mir tun die Zähne weh. Ich habe Zahnschmerzen.
◆ Warum nimmst du …?	○ Ich nehme eine Schmerztablette, weil ich Kopfschmerzen habe. ○ Ich nehme Nasenspray, weil ich Schnupfen habe. ○ Ich nehme Halstabletten, weil ich Halsschmerzen habe. ○ Ich nehme Hustensaft, weil ich Husten habe. ○ Ich trinke Kamillentee, weil ich Bauchschmerzen habe.
◆ Zu welchem Arzt gehst du?	○ Wenn ich eine Grippe habe, gehe ich zu meinem Hausarzt. ○ Wenn ich Probleme mit den Augen habe, gehe ich zur Augenärztin. ○ Wenn ich Zahnschmerzen habe, gehe ich zum Zahnarzt. ○ Wenn ich Rückenschmerzen habe, gehe ich zum Orthopäden.
◆ Ich habe Kopfschmerzen. Was kann ich tun?	○ Mach regelmäßig Pausen! ○ Geh viel spazieren! ○ Hör Musik! ○ Trink viel Wasser! ○ Sprich mit deinem Klassenlehrer! ○ Nimm bitte keine Tabletten!
◆ Wir haben Pickel. Kann uns jemand Tipps geben?	○ Esst gesund und esst nichts Fettes! ○ Wascht das Gesicht regelmäßig mit Wasser und Seife! ○ Geht viel an die Luft! ○ Ruft einen Hautarzt an und macht einen Termin!
◆ Ich finde mich zu dick. Was kann ich tun?	○ Essen Sie vernünftig! ○ Trinken Sie viel Wasser! ○ Machen Sie Sport! ○ Gehen Sie joggen! ○ Fahren Sie Fahrrad! ○ Machen Sie keine Diäten!
◆ Was tust du für deine Gesundheit?	○ Ich trinke keine Cola mehr. ○ Ich trinke nur Wasser. ○ Ich esse viel Obst und Gemüse. ○ Ich verzichte auf Fastfood. ○ Ich mache viel Sport.

LANDESKUNDE

IHRE APOTHEKENZEITSCHRIFT INFORMIERT

So (un)gesund leben wir Deutschen!

Wir alle kennen die Kriterien für ein gesundes Leben: eine ausgewogene Ernährung, ausreichend Bewegung, kein Stress und ein gesunder Schlaf. Aber: Machen wir das auch? Leider nicht.

Circa 64 % der Deutschen sagen zwar, dass sie sich gesund ernähren, das heißt, sie kochen mit frischen Lebensmitteln und essen nichts Fettes. Aber über 40 % der Deutschen essen auch mindestens einmal pro Woche ungesundes Fastfood und Fertiggerichte. Und immer noch essen circa 25 % täglich Fleisch und Wurst – das ist zu viel. Nur 14 % essen die empfohlene tägliche Menge an Obst und Gemüse.

Auch beim Thema Bewegung sieht es nicht so gut aus. Die Weltgesundheitsorganisation empfiehlt 150 Minuten Training pro Woche. Über 50 % der Deutschen machen regelmäßig Sport, aber nur circa 30 % die empfohlenen 150 Minuten. Und etwa 23 % machen überhaupt keinen Sport!

Dass Stress negativ für die Gesundheit ist, ist bekannt. Stressbewältigung ist also wichtig für ein gesundes Leben. Dabei helfen verschiedene Strategien. Zum Beispiel Entspannungstechniken wie Meditation oder ausreichend Zeit für Interessen und Hobbys. Trotz der vielen Angebote sagen 75 %, dass sie regelmäßig Stress haben, was negativ für die Gesundheit ist.

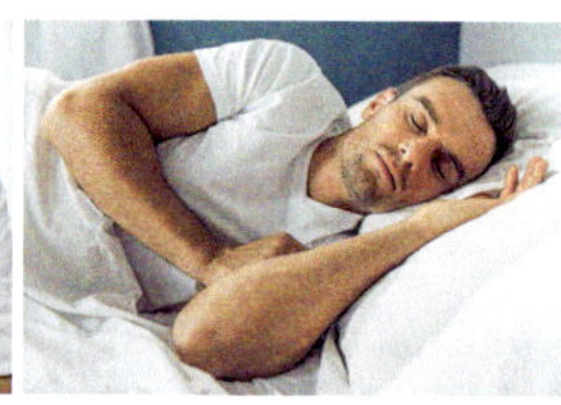

Auch ein guter und ausreichend langer Schlaf ist wichtig für die Gesundheit. Und hier sieht es leider auch nicht so gut aus. Etwa 48 % haben Schlafprobleme. Pro Nacht empfehlen Forscher 7,5 Stunden Schlaf. 44 % schaffen das nicht, sie schlafen zu kurz. 38 % schlafen nur vier bis sechs Stunden und 6 % sogar weniger als vier Stunden.

Lies den Text. Ordne zu und schreib die Sätze in dein Heft.

48 % | 30 % | 14 % | 25 % | 38 % | 64 % | 23 % | 40 % | 50 % | 75 % | 44 % | 16 %

1. ? essen mindestens einmal pro Woche Fastfood.
2. ? finden gesunde Lebensmittel wichtig.
3. ? essen jeden Tag Fleisch.
4. ? machen keinen Sport.
5. ? essen ausreichend Obst und Gemüse.
6. ? schlafen vier bis sechs Stunden pro Nacht.
7. ? machen regelmäßig Sport.
8. ? fühlen sich regelmäßig gestresst.
9. ? bewegen sich mindestens 150 Minuten pro Woche.
10. ? haben Schlafprobleme.
11. ? schlafen nicht genug.
12. ? schlafen weniger als vier Stunden pro Nacht.

1. 40 % essen mindestens einmal pro Woche Fastfood.

GRAMMATIK AUF EINEN BLICK

Verb *tun*

	tun
ich	tu-**e**
du	tu-**st**
er / es / sie	tu-**t**
wir	tu-**n**
ihr	tu-**t**
sie / Sie	tu-**n**

Was **tust** du denn da?
Was kann ich **tun**?
Es **tut** mir leid.
Mir **tut** der Bauch weh.
Mir **tun** die Zähne weh.

Ergänze.

1. Heute habe ich viel zu [?].
2. ◆ Was [?] dir weh?
   ○ Mir [?] die Füße weh.
3. Was [?] du für deine Gesundheit?
4. [?] mit leid, ich kann nicht kommen.

Präposition *seit* + Dativ

◆ **Seit** wann hast du Kopfschmerzen?
○ **Seit** gestern / einem Monat / einer Woche / drei Tagen.

Ergänze.

1. Jens wohnt seit ein[?] Woche in Frankfurt.
2. Ich lerne seit ein[?] Jahr Deutsch.
3. Mein Vater arbeitet seit zehn Jahr[?] bei einer internationalen Firma.
4. Anna ist seit ein[?] Monat Vegetarierin.

Imperativ

	(du)	(ihr)	(Sie)
gehen	Geh!	Geht!	Gehen Sie!
machen	Mach!	Macht!	Machen Sie!
trinken	Trink!	Trinkt!	Trinken Sie!
an•rufen	Ruf … an!	Ruft … an!	Rufen Sie … an!
zu•hören	Hör … zu!	Hört … zu!	Hören Sie … zu!
antworten	Antworte!	Antwortet!	Antworten Sie!
organisieren	Organisiere!	Organisiert!	Organisieren Sie!
nehmen	Nimm!	Nehmt!	Nehmen Sie!
sprechen	Sprich!	Sprecht!	Sprechen Sie!
essen	Iss!	Esst!	Essen Sie!
schlafen	Schlaf!	Schlaft!	Schlafen Sie!
fahren	Fahr!	Fahrt!	Fahren Sie!
sein	Sei!	Seid!	Seien Sie!
haben	Hab!	Habt!	Haben Sie!

Ergänze frei.

◆ Ich habe eine Fünf in Mathe bekommen. Was kann ich tun?
○ Lern fleißig!
▲ [?]
□ [?]
✚ [?]

◆ Wir sind so müde! Was können wir tun?
○ Geht schlafen!
▲ [?]
□ [?]
✚ [?]

13

GRAMMATIK AUF EINEN BLICK

Konjunktion *weil*

1. ◆ Warum nimmst du Nasenspray?
   ○ Ich nehme Nasenspray, **weil** ich Schnupfen habe.

2. ◆ Warum ernährst du dich gesund?
   ○ Ich ernähre mich gesund, **weil** ich fit bleiben möchte.

Antworte frei.

1. ◆ Warum gehst du zum Arzt?
   ○ Ich gehe zum Arzt, weil ?.
2. ◆ Warum machst du Sport?
   ○ Ich mache Sport, weil ?.
3. ◆ Warum isst du so wenig?
   ○ Ich esse so wenig, weil ?.

Konjunktion *wenn*

Wenn ich Halsschmerzen habe,
(dann) nehme ich Halstabletten.

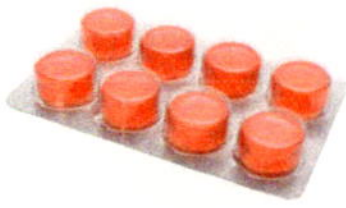

Wenn ich eine Erkältung habe,
(dann) trinke ich Tee.

Antworte frei.

1. ◆ Was machst du, wenn du krank bist?
   ○ Wenn ich ?.
2. ◆ Was machst du, wenn du müde bist?
   ○ Wenn ich ?.
3. ◆ Was machst du, wenn du Hunger hast?
   ○ Wenn ich ?.

Konjunktion *dass*

Ich weiß, **dass** Sami viel Sport macht.

Frau Stein sagt, **dass** sie jeden Tag Obst und Gemüse isst.

Ich habe gehört, **dass** Frau Meier beim Arzt war.

Herr Müller meint, **dass** er fünf Kilo abnehmen muss.

Weißt du, **dass** Martina jeden Morgen um 6:00 Uhr aufsteht?

Julian sagt, **dass** er Tina heute noch anruft.

Ich finde es wichtig, dass wir in der Woche keinen Zucker essen.

Ergänze frei.

1. Ich habe gehört, dass ?.
2. Der Arzt sagt, dass ?.
3. Ich bin sicher, dass ?.

→ AB S. 43–45

TRAINING

LESEN

1 Gute Vorsätze. Lies die Texte. Welche Überschrift passt zu welcher Person? Ergänze.

Handy weg! | Gut für die Umwelt! | Ab ins Fitnessstudio!

www.juz-umfrage.net

< I >

Gute Vorsätze zum neuen Jahr … und was daraus geworden ist

UMFRAGE

JUZ

Wir kennen das: Für das neue Jahr nimmt man sich oft viel vor. Man will gesund leben, viel Sport machen, nur noch Obst und Gemüse essen … Nun ist Juli und wir haben euch gefragt: Was hattet ihr für Ziele und was ist daraus geworden?

Kaya

Finn

Luisa

Kaya, 16 ?

An Silvester habe ich meiner Familie vorgeschlagen, dass wir ab Januar umweltbewusster leben. Meine Familie hat die Idee auch gut gefunden. Am nächsten Morgen haben wir uns zusammengesetzt und geplant, denn ein Leben ohne Plastik ist gar nicht so einfach. Seit Januar kaufen wir so viel wie möglich ohne Verpackung ein. In unserem Supermarkt gibt es Obst, Gemüse, Backwaren und sogar Nudeln und Nüsse ohne Verpackung. Beim Bäcker oder beim Metzger nehmen wir eigene Dosen mit und die Verkäufer packen die Waren direkt in unsere Dosen ein. Meine ganze Familie liebt Mangos. Mangos wachsen aber nicht in Deutschland. Sie kommen mit dem Schiff oder mit dem Flugzeug, und das produziert CO_2. Wir kaufen deshalb fast nur noch regionale und saisonale Produkte. Und Bio!
Auch verzichten wir im Alltag so oft wie möglich auf das Auto. Meine Mutter fährt mit den öffentlichen Verkehrsmitteln ins Büro. Mein Vater, meine Schwester und ich mit dem Fahrrad, und das bei jedem Wetter. Im Sommer fahren wir aber noch mit dem Auto in den Urlaub nach Österreich. Mit Hund und dem vielen Gepäck finden meine Eltern das ohne Auto zu anstrengend. Wir sind also noch nicht perfekt, aber wir geben uns Mühe.

Finn, 17 ?

Gesunde Ernährung und vor allem viel mehr Sport – das waren meine guten Vorsätze fürs neue Jahr. Im Januar hat das auch gut funktioniert und ich bin zwei- bis dreimal in der Woche zum Training gegangen. Und ich habe fast jeden Tag Gemüse gegessen. Aber Mitte Februar ist das leider alles immer weniger geworden. Ich hatte in der Schule viele Prüfungen und habe viel Zeit fürs Lernen gebraucht. Und natürlich habe ich auch meine Freunde getroffen und am Wochenende sind wir oft ausgegangen. Und wenn wir zusammen unterwegs sind, essen wir viel Fastfood. Na ja, so hatte ich immer weniger Zeit fürs Training, erst war es nur noch einmal in der Woche, dann so alle 14 Tage. Seit Juni war ich überhaupt nicht mehr dort und ich esse auch wieder wie vorher. Ich versuche es im Herbst wieder. Den Sommer will ich erst einmal genießen.

Luisa, 17 ?

Meine Mutter hat im letzten Jahr immer wieder geschimpft: „Luisa, sieh nicht den ganzen Tag auf dein Smartphone! Geh mehr raus! Lern doch etwas Neues!" Im Dezember habe ich dann die Stunden gezählt und ich bin sehr erschrocken: Ich war jeden Tag so fünf Stunden in sozialen Netzwerken. Das war zu viel. Mein Vorsatz fürs neue Jahr war also, dass ich nur eine Stunde pro Tag das Handy benutze und dass ich ein neues Musikinstrument lerne. Seit Februar habe ich nun Klavierunterricht, und das macht mir bis heute so richtig Spaß. Meine Lehrerin sagt auch, dass Klavierspielen gut für das Gehirn und für die Konzentration ist. Ohne Handy hat es auch ganz gut geklappt, auf jeden Fall am Anfang. Ich habe gemerkt, dass ich das Handy automatisch in die Hand nehme, wenn ich gestresst bin oder Langeweile habe. Aber ich gebe mir weiter Mühe. Wenn ich das Handy nur zwei Stunden pro Tag benutze, dann bin ich schon zufrieden mit mir.

13

TRAINING

a Lies die Texte noch einmal. Ist das richtig (R) oder falsch (F)?

	R	F
1. Kayas Familie kauft viele Lebensmittel ohne Verpackung.	☒	?
2. Ihre Familie mag Mangos und kauft sie oft.	?	?
3. Kayas Familie benutzt das Auto für den Weg zur Arbeit oder zur Schule.	?	?
4. Im Januar war Finn regelmäßig beim Sport.	?	?
5. Finn hat viel gelernt und oft Freunde getroffen. Aber er hat jede Woche Sport gemacht.	?	?
6. Im Sommer will Finn wieder regelmäßig zum Sport gehen.	?	?
7. Luisa war jeden Tag mit ihrem Handy zu lange in sozialen Netzwerken.	?	?
8. Der Klavierunterricht gefällt Luisa nicht so gut.	?	?
9. Ohne Handy kann Luisa gut leben, auch wenn sie Stress hat.	?	?

b Lies die Texte noch einmal. Beantworte die Fragen.

1. Welche Lebensmittel gibt es in Kayas Supermarkt ohne Verpackung?
2. Warum fährt Kayas Familie mit dem Auto in Urlaub?
3. Warum hatte Finn wenig Zeit fürs Training?
4. Was möchte er im Herbst machen?
5. Warum hat sich die Mutter über Luisa geärgert?
6. Wofür ist Klavierspielen gut?

1. In Kayas Supermarkt gibt es Obst, Gemüse, ...

SPRECHEN

2 Hattest du schon mal gute Vorsätze für das neue Jahr? Sprecht in der Klasse.

Also letztes Jahr habe ich mir vorgenommen, dass ...

3 Was macht ihr für eure Gesundheit? Macht einen Wortigel und sprecht in der Klasse.

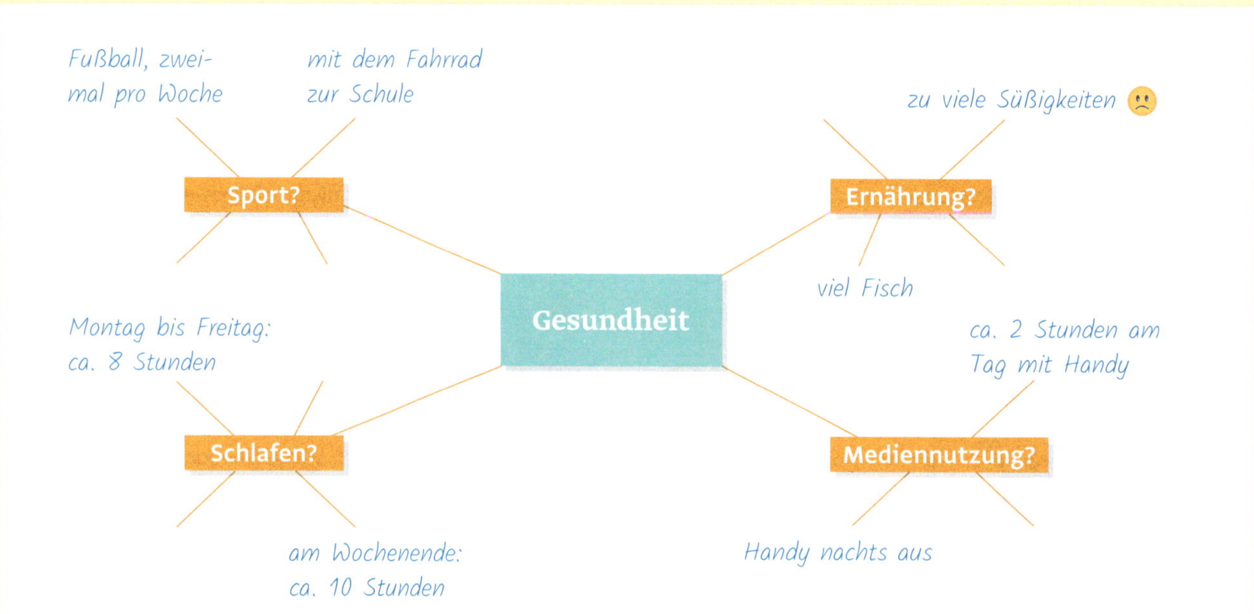

Ich finde es wichtig, dass man viel Sport macht. Ich fahre mit dem Fahrrad zur Schule und ich spiele zweimal pro Woche Fußball. ...

SCHREIBEN

4 **Einen Beitrag in einem Forum schreiben. Lies die Frage im Forum und antworte Isa.**

www.hilfe-bei-problemen.net

ISA
Hallo!
Ich glaube, dass ich handysüchtig bin. Jeden Tag habe ich mein Handy stundenlang in der Hand und spiele mit Apps oder surfe im Internet. Ich möchte das so gern ändern, aber ich weiß nicht wie. Habt ihr Tipps für mich?

a **Du verstehst das Problem. Gib Tipps:**

- Handy zweimal pro Woche nicht mit in die Schule nehmen
- Handy nur für ein paar Stunden einschalten
- nachts ganz ausschalten und nicht mit in dein Zimmer nehmen
- mit Freunden darüber sprechen, das hilft
- Tage ohne Handy planen
- Apps löschen

Fallen dir noch weitere Tipps ein? Wünsch Isa viel Glück!

www.hilfe-bei-problemen.net

Hallo Isa,
ich verstehe dein Problem. Hier ein paar Tipps:
Nimm das Handy zweimal pro Woche nicht ...

b **Tausche deinen Text mit deiner Partnerin / deinem Partner. Ist alles richtig?**

HÖREN

019 **5** **Wer hat gestern welchen Sport gemacht? Hör das Gespräch und ordne zu.**

Wer?	Anna	Jenny und Maik	Ludwig	Sara	Tim
Was?	*e*	?	?	?	?

a

b

c

d

e

f

g

h

13

VIDEO

VIDEO 13 Beim Arzt

1 **Vor dem Sehen: Wie heißen die Wörter in deiner Sprache? Sprecht in der Klasse.**

die Gliederschmerzen | der Blutdruck | abhorchen | das Medikament

2 **Sieh den ersten Videoteil an (0:00 - 0:28). Antworte dann.**

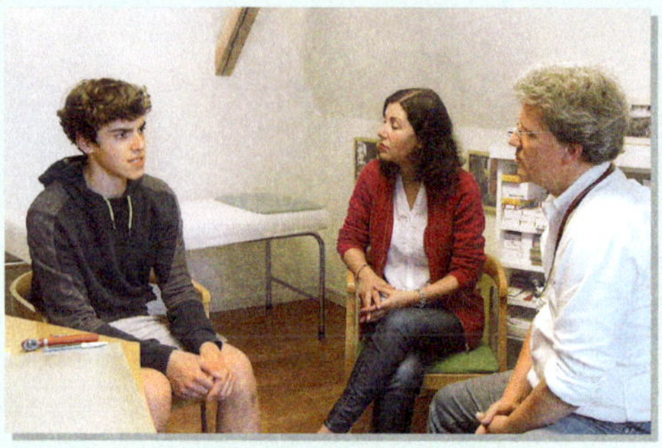

1. Seit wann geht es Fabian nicht gut?
2. Wie fühlt er sich?
3. Was tut ihm weh?
4. Um wie viel Uhr hat er einen Termin beim Arzt?
5. Wo sitzen Fabian und seine Mutter?

1. Seit ...

3 **Sieh den zweiten Videoteil an (0:29 - 3:42). Was passt zusammen? Ordne zu.**

1. Was tut dir weh?
2. Hast du Fieber?
3. Was ist mit mir los, Herr Doktor?
4. Was soll ich tun?
5. Soll ich Medikamente nehmen?
6. Darf ich mit Papa ins Stadion gehen?

a. Du hast eine leichte Bronchitis.
b. Das kommt gar nicht infrage!
c. Ja, hier ist das Rezept.
d. Ja, 38,2 Grad.
e. Der Kopf tut mir weh.
f. Du musst drei Tage im Bett bleiben.

4 **Wie geht der Satz weiter? Ordne zu.**

1. Fabian geht ...
2. Fabian fühlt sich ...
3. Doktor Hansen misst ...
4. Fabian hat ...
5. Fabian braucht ...
6. Fabian muss ...
7. Doktor Hansen verschreibt ...
8. Fabian geht am Wochenende nicht ...

a. eine leichte Bronchitis.
b. ins Stadion.
c. drei Tage im Bett bleiben.
d. nicht wohl.
e. absolute Bettruhe.
f. Fabian Medikamente.
g. mit seiner Mutter zum Arzt.
h. Fabian den Blutdruck.

5 **Wer sagt das? Mach Notizen. Sieh dann den Film noch einmal an und kontrolliere.**

1. Fieber? Hohes Fieber?	?	⊗	?
2. Ich messe dir zuerst einmal den Blutdruck.	?	?	?
3. Was ist los mit mir?	?	?	?
4. Bronchitis? Ach du meine Güte!	?	?	?
5. Was kann ich tun?	?	?	?
6. Das kommt gar nicht infrage!	?	?	?
7. Hast du gehört, Fabian? Absolute Bettruhe!	?	?	?
8. Gute Besserung. Und pass gut auf dich auf.	?	?	?

6 **Nach dem Sehen: Ergänze den Text.**

Kopfschmerzen | Arzt | im Bett | misst | Bettruhe | Fieber | ins Stadion | Bronchitis | wohl | horcht … ab | untersucht | Medikamente

Fabian geht heute zum (1) ? . Er fühlt sich nicht (2) ? , er hat (3) ? und (4) ? . Doktor Hansen (5) ? Fabian: Er (6) ? ihm den Blutdruck und (7) ? ihn ? . Die Diagnose lautet: (8) ? . Fabian braucht (9) ? . Er muss drei Tage (10) ? bleiben und (11) ? nehmen. Fabian darf also am Wochenende nicht (12) ? gehen.

7 **Nach dem Sehen: Was passiert? Beschreib die Fotos.**

1

2

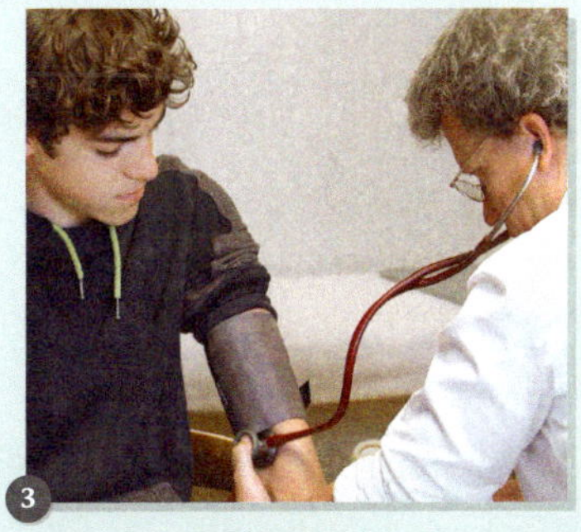
3

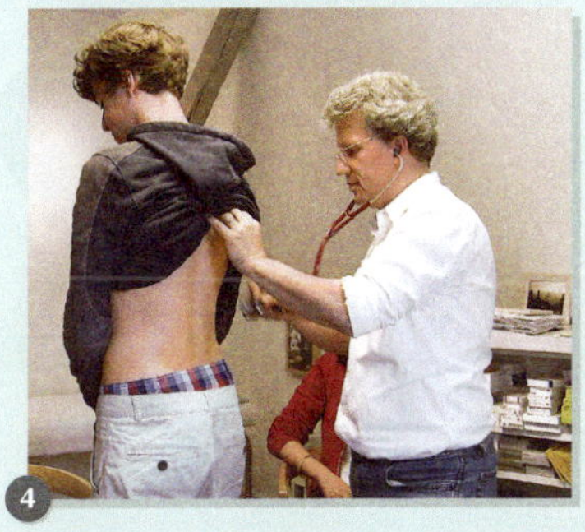
4

5

1. Fabian und seine Mutter …

14 Nichts als Ärger!

A So ein Chaos!

1 Sieh das Foto an. Was meinst du: Was ist passiert?

- ⓘ Ein Jugendlicher hat eine Party gegeben.
- ⓘ Es hat eine Firmenfeier gegeben.

020 **2 Hör zu. War deine Vermutung in Aufgabe 1 richtig?**

020 **3 Hör noch einmal. Ist das richtig (R) oder falsch (F)?**

	R	F
1. Florian hat eine Party gegeben.	☒	?
2. Seine Eltern haben es erlaubt.	?	?
3. Es ist Mitternacht.	?	?
4. Es waren nur zehn Leute auf der Party.	?	?
5. Florian hat alle gekannt.	?	?
6. Die Gäste haben Lärm gemacht und Sachen kaputt gemacht.	?	?
7. Die Nachbarn haben die Polizei gerufen, weil es zu laut war.	?	?
8. Die Polizei ist aber nicht gekommen.	?	?
9. Florian muss 150 Euro Strafe wegen Ruhestörung zahlen.	?	?
10. Verena hilft Florian beim Aufräumen.	?	?
11. Verenas und Florians Eltern kommen morgen zurück.	?	?

021 🔊 **4** **So ein Chaos. Was ist wo? Hör zu und ergänze.**

vor | neben | hinter | unter | auf | an | zwischen | über | in

1. Das Glas steht *im* Schrank.
2. Die Jacke liegt [?] dem Sofa und dem Schrank.
3. Der Hund sitzt [?] dem Sofa.
4. Das Bild hängt [?] dem Schrank.
5. Das Handy liegt [?] dem Sofa.
6. Die Flasche liegt [?] dem Schrank.
7. Der Mülleimer steht [?] dem Sofa.
8. Der Stuhl hängt [?] der Wand.
9. Der Stuhl liegt [?] dem Sofa.

Wo?

stehen

liegen

sitzen

hängen

Wechselpräpositionen mit Dativ: Wo?

stehen / sitzen / liegen / hängen
auf / in / unter / ... + Dativ

Das Glas steht **im** Schrank.
Der Hund sitzt **auf dem** Sofa.

5 **Seht das Foto an. Was ist wo? Sprecht.**

die Bilder | die Lampe | das Sofa | der Sofatisch | die Kommode | die Pflanzen | der Teppich | die Kissen | der Laptop

Der Teppich liegt vor ...

6 **Mach eine Skizze mit sechs Gegenständen wie im Beispiel.**

7 **Partnerdiktat. Beschreib deine Skizze deiner Partnerin / deinem Partner. Sie / Er zeichnet mit. Vergleicht die beiden Skizzen.**

Die Mütze hängt über dem Tisch. Rechts neben dem Tisch steht die Pflanze. Auf dem Tisch steht links das Glas. In dem Glas liegt der Ring. Rechts auf dem Tisch steht die Flasche. Zwischen dem Glas und der Flasche liegt die Kette auf dem Tisch.

→ AB S. 46-48

B Wir machen Ordnung

022 8 **Hör zu und lies mit.**

- ◆ Was machen wir jetzt?
- ○ Aufräumen, Florian! Keine Panik, ich helfe dir. Wir müssen aufräumen und die Sachen wieder dorthin stellen, wohin sie gehören. Wir müssen das Sofa zum Beispiel wieder unter das Fenster stellen, die Lampe in die Ecke stellen und den Müll wegwerfen. Und dann müssen wir noch staubsaugen und wischen!
- ◆ O.k.! Fangen wir an.

9 **Wohin? Lies die Sätze und ordne zu.**

A ? 
B ? 
C ? 
D ? 
E ? 
F ? 
G ? 
H ? 

1. Verena hängt das Bild an die Wand.
2. Florian stellt die Lampe in die Ecke, neben das Sofa.
3. Verena legt den Teppich auf den Boden.
4. Florian stellt den Tisch auf den Teppich.
5. Florian stellt das Sofa unter das Fenster.
6. Verena legt die Zeitungen auf den Tisch.
7. Verena stellt das Geschirr in den Geschirrspüler.
8. Florian legt sich müde auf das Sofa.

Wohin?
legen
stellen
setzen
hängen

Wechselpräpositionen mit Akkusativ: Wohin?
legen / stellen / setzen / hängen auf / in / unter ... + Akkusativ
Verena hängt das Bild **an die** Wand.

023 **10 Hör zu. Was muss Florian machen? Ergänze.**

1. die Teller: *Stell* sie in den Schrank!
2. die Gläser: (?) sie auf das Regal!
3. das Besteck: (?) es in die Schublade!
4. die Servietten: (?) sie auf den Küchentisch!
5. den Hund: (?) ihn auf das Sofa!

11 Zu zweit: *Wohin* oder *Wo*? Sprecht wie im Beispiel.

1. das Foto – auf Tisch – stellen / stehen
2. die Jacke – in Schrank – hängen
3. die Gläser – in Schrank – stellen / stehen
4. die Bücher – in Regal – legen / liegen

Florian stellt das Foto auf den Tisch.

Das Foto steht auf dem Tisch.

12 Was war wo und wo ist es jetzt?

- Stellt zehn Gegenstände an verschiedene Orte ins Klassenzimmer.
- Zwei Schülerinnen / Schüler gehen aus der Klasse.
- Stellt die zehn Gegenstände wieder um.
- Danach kommen die beiden Schülerinnen / Schüler wieder zurück.
- Wer von den beiden findet die meisten Gegenstände?

Das Deutschbuch hat auf dem Tisch hier gelegen. Ihr habt es ins Regal gelegt.

Das Glas hat am Fenster gestanden. Ihr habt es unter den Tisch gestellt.

13 Florians Mutter ist sauer. Lies den Satz. Was bedeutet er?

Florian, ich muss jetzt den Teppich reinigen lassen!

etwas machen lassen (müssen)			
Ich	**lasse**	jetzt den Teppich	**reinigen**.
Ich	**muss**	jetzt den Teppich	**reinigen lassen**.

1. (?) Florians Mutter reinigt den Teppich selbst.
2. (?) Florians Mutter reinigt den Teppich nicht selbst. Sie bringt ihn in die Reinigung.

14 Spielt Dialoge wie im Beispiel.

◆ Florian, ich muss jetzt den Teppich reinigen lassen!
○ Mama, es tut mir leid, dass der Teppich schmutzig ist!

1. das Sofa reparieren lassen – das Sofa beschädigt sein
2. die Wand neu streichen lassen – die Wand schmutzig sein
3. den Stuhl reparieren lassen – der Stuhl kaputt sein
4. die Lampe reparieren lassen – die Lampe defekt sein

dass

Es tut mir leid, **dass** der Teppich schmutzig ist!

15 **Was macht ihr selbst? Was lasst ihr machen? Sprecht in der Klasse.**

Fahrrad reparieren | Haare schneiden | Kleidung ändern | Handy einrichten | ...

> Mein Fahrrad kann ich selbst reparieren. Aber selbst Haare schneiden, das kann ich nicht. Das lasse ich machen. ...

→ AB S. 49-53

PROJEKT

Unser Klassenzimmer wird schön!

In Gruppen. Ihr möchtet euer Klassenzimmer schöner machen. Sammelt Ideen.

Ordnung & Sauberkeit
- Pinnwand schön gestalten
- Papiermüll einsammeln
- Ordnungsdienst: abwechselnd zwei Schülerinnen / Schüler
- den eigenen Tisch sauber machen
- Schränke aufräumen

Dekoration
- Poster an die Wände hängen
- Pflanzen besorgen
- Fensterdekoration überlegen

Stellt eure Ideen in der Klasse vor.

> Wir finden Sauberkeit und Ordnung wichtig. Unsere Vorschläge sind, dass wir die Schränke aufräumen, dass jeder seinen Tisch sauber macht. Und wir wollen einen Ordnungsdienst. ...

Überlegt gemeinsam: Welche Ideen möchtet ihr umsetzen?

C Probleme zwischen Eltern und Kindern

16 **Gespräch mit den Eltern. Lies den Anfang des Gesprächs. Was denkst du? Wie geht das Gespräch weiter?**

- Sind die Eltern sehr sauer auf Florian?
- Wer bezahlt das Bußgeld von 150 Euro?
- Bekommt Florian Hausarrest? Wenn ja: wie lange?

Ich glaube, dass die Eltern sehr sauer sind.

Ja, das glaube ich auch.

024 **17** **Hör das Gespräch. Waren deine Vermutungen in Aufgabe 16 richtig?**

024 **18** **Hör das Gespräch noch einmal. Ist das richtig (R) oder falsch (F)?**

	R	F
1. Florian hat nur zehn Leute eingeladen.	?	?
2. Die Stimmung war nicht so toll.	?	?
3. Florian hat nicht gewusst, dass ab 22:00 Uhr Nachtruhe ist.	?	?
4. Florian muss das Bußgeld von seinem Taschengeld bezahlen.	?	?
5. Florian bekommt sieben Tage Hausarrest, weil er ohne Erlaubnis eine Party gegeben hat.	?	?
6. Verena bekommt auch Hausarrest.	?	?

ohne + Akkusativ
ohne (meine / deine / seine / ...) Erlaubnis

ohne ↔ mit		
Florian hat die Party	**ohne** die Erlaubnis ✗ **mit** der Erlaubnis ✓	seiner Eltern gegeben.

19 **Was meint ihr? Ist die Strafe gerecht? Diskutiert in der Klasse.**

20 **Lies die E-Mail. Wer schreibt an wen? Über was? Sprich mit deiner Partnerin / deinem Partner.**

Liebe Nora,
ich habe mich gestern so sehr über Florian geärgert! Er hat ohne unsere Erlaubnis am Wochenende eine Party gegeben. Sogar die Polizei ist gekommen! Und hat Florian sich dafür entschuldigt und fühlt sich schlecht? Nein, natürlich nicht! Er hat gesagt, dass das nicht seine Schuld war. Er hat nun eine Woche Hausarrest. Sei froh, dass deine Kinder noch klein sind. An die Zeit erinnere ich mich wirklich gern, denn das Leben mit Jugendlichen ist nicht so einfach. Verena und Florian streiten sich entweder untereinander oder sie streiten sich mit uns. Ich habe auch den Eindruck, dass Florian sich zurzeit für überhaupt nichts interessiert. Nicht für die Schule, nicht für Politik, nicht für Kultur, nicht für Kunst und für die Familie erst recht nicht. Aber ich will nicht jammern, ich liebe meine Kinder ja doch. 🙂 Wann treffen wir uns wieder? Ich vermisse meine Freundin und ich möchte mich so gern mal wieder in Ruhe mit dir unterhalten.
Ich freue mich auf dich.
Alles Liebe
Claudia

21 **Lies die E-Mail in Aufgabe 20 noch einmal. Wer ist das? Ergänze die Namen.**

1. ? ärgert sich über Florian.
2. ? hat sich nicht entschuldigt.
3. ? hat Hausarrest.
4. ? hat kleine Kinder.
5. ? findet das Leben mit Jugendlichen nicht einfach.
6. ? und ? streiten sich viel.
7. ? interessiert sich für nichts.
8. ? möchte sich mit ? treffen und sich in Ruhe mit ihr unterhalten.

1. Claudia
2. ...

reflexive Verben

	sich ärgern	
ich	ärgere	**mich**
du	ärgerst	**dich**
er / es / sie	ärgert	**sich**
wir	ärgern	**uns**
ihr	ärgert	**euch**
sie / Sie	ärgern	**sich**

22 ***sich ärgern, sich entschuldigen ...***
Such die reflexiven Verben in der E-Mail in Aufgabe 20 und schreib sie in dein Heft.

1. sich ärgern
2. sich entschuldigen
3. ...

23 ***mich, dich, sich ...*** **Ergänze.**

www.hilfe-bei-problemen.net

ADRIAN
„Räum dein Zimmer auf!", „Lern mehr für die Schule!", „Das darfst du nicht, das erlauben wir nicht!" Ich kann es nicht mehr hören!! Meine Eltern sind so streng. Ich streite (1) *mich* oft mit ihnen. Ist das normal? Ist das bei euch auch so?

EVGENIA
Ich glaube, das ist normal. 😉 Wir streiten (2) ? auch oft. Manchmal jeden Tag.

MOHSIN
Bei uns ist das anders. Meine Schwester streitet (3) ? auch oft. Aber ich streite (4) ? eigentlich nie mit meinen Eltern. Vielleicht liegt es auch an dir? Vielleicht musst du (5) ? ändern? Unterhalte (6) ? in Ruhe mit deinen Eltern. Wie fühlen sie (7) ?? Bedankst du (8) ? auch mal bei deinen Eltern? Sie tun sicher viel für dich und kümmern (9) ? um dich. Nicht immer die Schuld bei anderen suchen!

24 **Worüber streiten sich Kinder mit ihren Eltern? Lest die Statistik. Sprecht dann in der Klasse.**

Ordnung und Sauberkeit	79 %
Medienkonsum	74 %
Höflichkeit und Benehmen	64 %
Schule und Lernen	55 %
Ausgehen	52 %
Kleidung	47 %
Taschengeld	36 %
Freunde und Freundinnen	34 %

dass

Interessant/Überraschend ist, **dass** ...
Die Statistik zeigt, **dass** ...
Aus der Statistik geht hervor, **dass** ...

Diese Sätze helfen dir:
- Die Statistik zeigt, dass ...
- Aus der Statistik geht hervor, dass ...
- ... % streiten sich, weil ...
- Interessant ist, dass ...
- Überraschend ist, dass ...

Interessant ist, dass sich nur 36 % über das Thema Taschengeld streiten.

Die Statistik zeigt, dass sich 79 % mit ihren Eltern über das Thema Ordnung und Sauberkeit streiten.

25 **Wie ist es bei euch zu Hause? Sprecht in der Klasse.**

Meine Mutter ärgert sich, dass ich so unordentlich bin. Wir streiten uns also auch oft über das Thema Ordnung und Sauberkeit.

Jeden Tag sagt mein Vater, dass ich mehr für die Schule lernen muss. Aber meine Noten sind gut. Ich verstehe das nicht.

Ich streite mich mit meinen Eltern, weil ...

→ AB S. 53-56

AUSSPRACHE

025 **1. Was hörst du? Ist das o kurz oder lang?**

	kurz	lang
1. Ordnung	?	?
2. ohne	?	?
3. so	?	?
4. Wochenende	?	?
5. toll	?	?
6. Sofa	?	?
7. dorthin	?	?
8. oft	?	?
9. Note	?	?
10. Boden	?	?

026 **2. Hör zu und sprich nach.**

- Wohin? ↗ — Dorthin! ↘
- Wo? ↗ — Dort! ↘

027 **3. Du bist ...! Hör zu und sprich nach.**

Du bist so unordentlich!

Du bist so toll!

Du bist so ordentlich!

028 **4. Satzakzent. Hör zu und sprich nach.**

- Wo liegt denn das Handy? ↘ Auf dem Tisch? ↗
- Nein, → nicht auf dem Tisch! ↘ Auf der Kommode! ↘
- Wohin kommt denn die Butter? ↘ Auf den Kühlschrank? ↗
- Nein, → doch nicht auf den Kühlschrank! ↘ In den Kühlschrank! ↘

DAS KANN ICH SCHON!

◆ Wo steht das Foto? ◆ Wo stehen die Fotos?	○ Es steht auf dem Tisch. ○ Sie stehen auf dem Tisch.
◆ Wo liegt das Buch? ◆ Wo liegen die Bücher?	○ Es liegt im Regal. ○ Sie liegen im Regal.
◆ Wo sitzt der Hund? ◆ Wo sitzen die Hunde?	○ Er sitzt auf dem Sofa. ○ Sie sitzen auf dem Sofa.
◆ Wo hängt das Bild? ◆ Wo hängen die Bilder?	○ Es hängt an der Wand. ○ Sie hängen an der Wand.
◆ Wohin stellt Florian das Foto? ◆ Wohin stellt Florian die Fotos?	○ Er stellt es auf den Tisch. ○ Er stellt sie auf den Tisch.
◆ Wohin legt Florian das Buch? ◆ Wohin legt Florian die Bücher?	○ Er legt es ins Regal. ○ Er legt sie ins Regal.
◆ Wohin setzt Florian den Hund? ◆ Wohin setzt Florian die Hunde?	○ Er setzt ihn auf das Sofa. ○ Er setzt sie auf das Sofa.
◆ Wohin hängt Florian das Bild? ◆ Wohin hängt Florian die Bilder?	○ Er hängt es an die Wand. ○ Er hängt sie an die Wand.
◆ Was lässt du machen? ◆ Was kannst du selbst?	○ Selbst Haare schneiden kann ich nicht. Das lasse ich machen. ○ Ich kann den Teppich nicht selbst reinigen. Ich muss ihn reinigen lassen. ○ Mein Fahrrad kann ich selbst reparieren.
Über eine Statistik sprechen:	◆ Die Statistik zeigt, dass ... ◆ Aus der Statistik geht hervor, dass ... ◆ ... % streiten sich, weil ... ◆ Interessant ist, dass ... ◆ Überraschend ist, dass ...
◆ Warum streitest du dich mit deinen Eltern?	○ Ich streite mich mit meinen Eltern, weil ... ○ Meine Mutter ärgert sich, dass ... ○ Wir streiten uns oft über das Thema Ordnung und Sauberkeit. ○ Jeden Tag sagt mein Vater, dass ... Ich verstehe das nicht.

14

LANDESKUNDE

www.juz-umfrage.net

< I >

Ordnung muss sein?!

Man sagt, die Deutschen lieben Ordnung und Sauberkeit. Und Pünktlichkeit. Stimmt das? Oder sind das nur Klischees? Wir haben eine Austauschschülerin und einen Austauschschüler gefragt, wie sie das sehen.

Lalita, 16, seit drei Monaten in Bayern

Mein Eindruck ist, dass die Deutschen sehr auf Ordnung und Sauberkeit achten. Meine Gastfamilie hat mir gezeigt, wie ich den Müll trennen muss. Das ist sehr wichtig für sie, denn das ist gut für die Umwelt. Glas sammeln wir extra in einem großen Korb. Dann sammeln wir Biomüll. Biomüll sind Küchenabfälle, also Essensreste wie Bananenschalen, Eierschalen, Brotreste oder Fisch- und Fleischreste, aber auch Kaffeefilter und Teebeutel. Auch Gartenabfälle wie Blumen oder Erde kommen in den Biomüll. Es gibt auch einen gelben Sack. In den gelben Sack kommen alle Verpackungen, wie Kunststoff und Dosen. Papier und Karton sammeln wir in einer extra Tonne. Alles andere kommt in den Restmüll, zum Beispiel Kerzen, Stoffe, Porzellan oder Staubsaugerbeutel. Restmüll haben wir nicht viel, und das ist gut so. Ich finde also: Ja, die Deutschen lieben Ordnung und Sauberkeit.

Carlos, 16, seit drei Wochen in Nordrhein-Westfalen

Man hat mir gesagt: „Achtung, die Deutschen sind immer pünktlich. Das musst du auch sein." Ich bin also fast immer pünktlich und meine Gastfamilie auch. Wenn wir Besuch bekommen oder eingeladen sind, kommen wir maximal 15 Minuten zu spät. Meistens sogar nur fünf Minuten. Unpünktlichkeit empfindet meine Gastmutter als respektlos. Ganz anders ist es aber in der Clique von meinem Gastbruder, seine Freunde sind oft unpünktlich. Gestern zum Beispiel waren wir um sechs verabredet. Ein Freund war um sechs auch da, drei kamen erst zwischen halb sieben und sieben. Und zwei sind gar nicht gekommen. Das habe ich etwas respektlos gefunden.
Ich kann also noch nicht sagen: „Ja, die Deutschen sind pünktlich." Vielleicht ist es individuell doch sehr unterschiedlich.

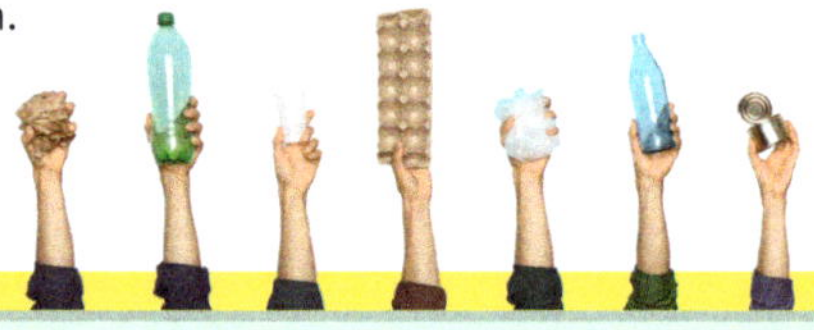

1 **Lies den Text und ordne zu.**

Lalita	kann noch nicht sagen, dass	die Deutschen alle pünktlich sind.
Carlos	findet, dass	den Deutschen Ordnung sehr wichtig ist.

2 **Lies den Text von Lalita noch einmal. Was kommt in welche Tonne? Ordne zu.**

A Glas — B Biomüll — C Verpackungen — D Papier/Karton — E Restmüll

1. ein Heft *D* **2.** eine Flasche (?) **3.** eine Pflanze (?) **4.** eine Tasse (?) **5.** eine Vase (?)
6. eine Zeitschrift (?) **7.** Eier (?) **8.** eine Dose (?) **9.** ein Joghurtbecher (?) **10.** ein Teebeutel (?)

3 **Lies den Text von Carlos noch einmal. Sagt Carlos das? Ja oder nein?**

	Ja	Nein
1. Carlos kommt in Deutschland meistens pünktlich.	?	?
2. Seine Gastfamilie kommt maximal fünf Minuten zu spät zu Einladungen.	?	?
3. Carlos findet, dass Pünktlichkeit ein Zeichen von Respekt ist.	?	?
4. Die Freunde von seinem Gastbruder sind oft unpünktlich.	?	?
5. Carlos findet es nicht gut, wenn die Freunde von seinem Gastbruder nicht zu einem Treffen kommen.	?	?

GRAMMATIK AUF EINEN BLICK

Verb *lassen*

	lassen
ich	lasse
du	lässt
er / es / sie	lässt
wir	lassen
ihr	lasst
sie / Sie	lassen

Ich **lasse** den Teppich **reinigen**.
Ich **muss** den Teppich **reinigen lassen**.

Ergänze.

1. Meine Mutter [?] das Sofa reparieren.
2. Ich [?] meine Haare schneiden.
3. Wir [?] unsere Wohnung streichen.
4. Ihr [?] eure Fahrräder reparieren.

Reflexive Verben

	sich ärgern	
ich	ärgere	**mich**
du	ärgerst	**dich**
er / es / sie	ärgert	**sich**
wir	ärgern	**uns**
ihr	ärgert	**euch**
sie / Sie	ärgern	**sich**

Ich ärgere **mich**.
Ich habe **mich** sehr geärgert.

genauso:
sich ändern, sich bedanken, sich entschuldigen, sich erinnern, sich fühlen, sich freuen, sich interessieren, sich kümmern, sich streiten, sich treffen, sich unterhalten, …

Ergänze.

1. Wie fühlst du [?] heute?
2. Erinnert ihr [?] noch an den 1. Schultag?
3. Wann wollen wir [?] wieder treffen?
4. Haben Sie [?] bei ihm für die Einladung bedankt?
5. Mit meiner besten Freundin unterhalte ich [?] am liebsten.
6. Florian interessiert [?] zurzeit für nichts.

Positionsverben *legen/liegen, stellen/stehen, setzen/sitzen, hängen*

Wohin? + Akkusativ	Wo? + Dativ
Ich **lege** den Teppich **auf den Boden**.	Der Teppich **liegt auf dem Boden**.
Ich **stelle** das Sofa **an die Wand**.	Das Sofa **steht an der Wand**.
Ich **setze** den Hund **auf das Sofa**.	Der Hund **sitzt auf dem Sofa**.
Ich **setze** mich **auf das Sofa**.	Ich **sitze auf dem Sofa**.
Ich **hänge** die Jacke **in den Schrank**.	Die Jacke **hängt im Schrank**.

Wohin? + Akkusativ	legen		stellen		setzen		hängen	
Wo? + Dativ	liegen		stehen		sitzen		hängen	

GRAMMATIK AUF EINEN BLICK

Wechselpräpositionen mit Akkusativ und Dativ

an | auf | hinter | in | neben | über | unter | vor | zwischen

	Wohin? + Akkusativ	Wo? + Dativ
an	Ich hänge die Bilder **an** die Wand.	Die Bilder hängen **an** der Wand.
auf	Ich setze den Hund **auf** das Sofa.	Der Hund sitzt **auf** dem Sofa.
hinter	Ich lege die Zeitschriften **hinter** das Sofa.	Die Zeitschriften liegen **hinter** dem Sofa.
in	Ich stelle das Glas **in** den Schrank.	Das Glas steht **im** Schrank.
neben	Ich stelle den Mülleimer **neben** den Tisch.	Der Mülleimer steht **neben** dem Tisch.
über	Ich hänge die Lampe **über** das Sofa.	Die Lampe hängt **über** dem Sofa.
unter	Ich lege das Handy **unter** das Sofa.	Das Handy liegt **unter** dem Sofa.
vor	Ich stelle den Tisch **vor** das Sofa.	Der Tisch steht **vor** dem Sofa.
zwischen	Ich stelle den Sessel **zwischen** das Sofa und den Schrank.	Der Sessel steht **zwischen** dem Sofa und dem Schrank.

Schreib wie im Beispiel.

1. Wohin? das Glas – stellen – auf – der Tisch
   Stell das Glas auf den Tisch!
2. Wo? das Glas – stehen – auf – der Tisch ?
3. Wo? das Besteck – liegen – in – die Schublade ?
4. Wohin? das Besteck – legen – in – die Schublade ?
5. Wohin? die Bluse – hängen – in – der Schrank ?
6. Wo? die Bluse – hängen – in – der Schrank ?
7. Wo? die Katze – sitzen – auf – das Sofa ?
8. Wohin? die Katze – setzen – auf – das Sofa ?
9. Wohin? die Lampe – stellen – in – die Ecke ?
10. Wo? die Lampe – stehen – in – die Ecke ?

Modale Präposition *ohne* + Akkusativ

ohne den / meinen Vater
das / mein Kaninchen
die / meine Mutter
die / meine Eltern

Florian hat die Party **ohne die Erlaubnis** von seinen Eltern gegeben.

Ergänze.

Ich will ...
1. nicht ohne meine Freundin ...
2. ohne mein ? Vater ...
3. ohne mein ? Eltern ...
4. nicht ohne mein ? Freunde ... in Urlaub fahren.

Konjunktion *dass*

Es tut mir leid, **dass** der Teppich schmutzig ist.

Interessant ist, **dass** sich nur 36 % über das Thema Taschengeld streiten.

Es tut mir leid, **dass** ...
Interessant/Überraschend ist, **dass** ...
Die Statistik zeigt, **dass** ...
Aus der Statistik geht hervor, **dass** ...

Ergänze.

1. Die Gläser sind zerbrochen.
   Es tut mir leid, dass *die Gläser zerbrochen sind*.
2. Der Stuhl ist kaputt.
   Es tut mir leid, dass ?.
3. 52 % streiten sich über das Thema Taschengeld.
   Interessant ist, dass ?.
4. 74 % streiten sich über das Thema Medienkonsum.
   Die Statistik zeigt, dass ?.

→ AB S. 57-59

TRAINING

LESEN

1 **Lies den Text und wähle die richtige Lösung a, b oder c.**

www.kiel-aktuell.net

Kieler Neuigkeiten

AUS DER REGION

PLÖTZLICH 100 GÄSTE – PARTY IN KIEL LÄUFT AUS DEM RUDER

Geplant war eine kleine Feier mit ein paar Freunden. Doch dann sind mehr als 100 Gäste auf der Feier – und die Gastgeberin ruft die Polizei

Eine 15-Jährige aus dem Kieler Stadtteil Strande möchte ein kleine Party geben. Ihre Eltern sind über das Wochenende weg und sie hat ihre zehn engsten Freundinnen und Freunde für Samstagabend eingeladen. Sie möchte mit ihnen singen und tanzen. Sie hat ihre Freunde nicht telefonisch eingeladen, sondern die Einladung als Nachricht geschickt. Und diese Nachricht leitet einer ihrer Freunde an einen anderen Freund weiter. Und der hat es öffentlich in ein soziales Netzwerk gestellt und die Information hat sich so weiterverbreitet.

Zu der Party sind dann nicht nur die zehn Freundinnen und Freunde gekommen, sondern mehr als 100 Jugendliche. Die meisten hat die Gastgeberin nicht gekannt und viele waren älter. Die Party ist aus dem Ruder gelaufen. Die Jugendlichen haben die Wände beschmiert, sie haben Scheiben eingeschlagen und Möbel zerstört. Die 15-jährige Gastgeberin hat die Party nicht beenden können. Ihre Eltern sind nicht ans Telefon gegangen und sie hat schließlich aus Verzweiflung selbst die Polizei gerufen. Innerhalb von zehn Minuten ist die Polizei gekommen, hat die Party beendet und die Personalien der Gäste aufgenommen.

Es ist ein Schaden in Höhe von mehr als 1000 Euro entstanden. Wie hoch genau, ist noch unbekannt.

1. Die Party in Kiel ...

a. ? war eine kleine Feier.
b. ? hatte 10 Gäste.
c. ? hatte mehr als 100 Gäste.

2. Die 15-jährige Gastgeberin hat ...

a. ? ihre Freunde telefonisch eingeladen.
b. ? ihre Freunde schriftlich eingeladen.
c. ? die Einladung in ein soziales Netzwerk gestellt.

3. Die Gäste ...

a. ? haben Sachen kaputt gemacht.
b. ? haben die Gastgeberin alle gekannt.
c. ? waren jünger als die Gastgeberin.

4. Die Gastgeberin hat ...

a. ? mit ihren Eltern gesprochen.
b. ? mit der Polizei gesprochen.
c. ? die Party selbst beendet.

5. Die Polizei ...

a. ? hat die Gäste nach Hause geschickt.
b. ? kennt die Namen von den Gästen nicht.
c. ? hat gesagt, dass ein Schaden in Höhe von genau 1000 Euro entstanden ist.

14

TRAINING

HÖREN

029 2 **Meine Tochter ist so unordentlich! Hör zu. Wo sind die Gegenstände?**

Situation 1
Das Handy von Hannas Mutter liegt ...

- ? **a.** in der Küche
- ? **b.** auf dem Sofa
- ? **c.** auf dem Bücherregal
- ? **d.** auf dem Esstisch

Situation 2
Die Schuhe von Hannas Mutter sind ...

- ? **a.** auf dem Bett
- ? **b.** unter dem Schrank
- ? **c.** unter dem Bett
- ? **d.** auf dem Schrank

Situation 3
Der Autoschlüssel von Hannas Mutter ist ...

- ? **a.** im Auto
- ? **b.** in der Schublade
- ? **c.** in der Jackentasche
- ? **d.** im Schrank

Situation 4
Die Handtasche von Hannas Mutter steht ...

- ? **a.** im Wohnzimmer
- ? **b.** neben dem Kleiderschrank
- ? **c.** auf der Kommode
- ? **d.** unter der Kommode

SCHREIBEN

3 **Lies die E-Mail von Annika und beantworte sie.**

Liebe/Lieber ...,
die Situation bei mir zu Hause ist schwierig. Deshalb brauche ich deinen Rat!
Du weißt, dass ich dieses Jahr in den Sommerferien mit meinen Freundinnen wegfahren möchte.
Und was macht jetzt mein Vater? Er verbietet mir das, weil ich noch zu jung bin! Ich bin 17 und werde im Oktober 18. Ich bin also im Sommer fast volljährig.
Ich habe ihm gesagt, dass ich den Urlaub von meinem Taschengeld bezahle und dass ich trotzdem fahre, auch wenn er es mir nicht erlaubt. Seine Antwort: „Dann fliegst du nicht mit uns nach New York. Du bleibst zu Hause bei der Oma!" Was kann ich machen?
Bitte schreib mir. Ich brauche deine Hilfe.
Annika

- Zeige Verständnis für Annikas Situation.
- Schreib Annika, dass du auch schon einmal in so einer Situation warst.
- Erzähle, was du gemacht hast: Mit den Eltern in Ruhe reden – Warum Sorgen? – Vereinbarung mit den Eltern treffen (was erlaubt/verboten, täglich anrufen ...)
- Hast du noch weitere Tipps und Ratschläge für Annika?

Liebe Annika,
ich habe gerade deine E-Mail gelesen und antworte dir sofort! ...

SPRECHEN

4 **Sieh das Foto an. Beantworte die Fragen.**

1. Wer sind die Personen auf dem Bild?
2. Wo spielt die Situation?
3. Was machen die Personen?
4. Was ist passiert?

VIDEO

VIDEO 14 Hausarrest

1 **Vor dem Sehen. Wie heißen die Wörter in deiner Sprache? Sprecht in der Klasse.**

die Mannschaft | weggehen | die Verspätung | verpassen | der Akku | die Nachricht | die Bundesligakonferenz | verfolgen | der Zuschauer | der Anstoß

2 **Sieh den ersten Videoteil an (0:00 - 1:00). Beantworte dann die Fragen.**

1. Welcher Tag ist heute? Wie viel Uhr ist es?
2. Wo sind die Freunde von Max?
3. Was ist die Lieblingsmannschaft von Max?
4. Gegen wen spielt die Lieblingsmannschaft von Max?
5. Wo ist Max? Warum?
6. Wie lange hat er Hausarrest?
7. Wohin gehen die Freunde von Max?
8. Warum hat Max Hausarrest?

1. Es ist Samstag. ...
2. Die Freunde von Max sind in der ...
3. ...

3 **Sieh den zweiten Videoteil an (1:01 - 1:30). Ist das richtig (R) oder falsch (F)?**

	R	F
1. Max ist vorgestern mit 30 Minuten Verspätung nach Hause gekommen.	?	?
2. Tabea hat eine Party gegeben.	?	?
3. Max hat versprochen, dass er um 22:00 Uhr zu Hause ist.	?	?
4. Max hat den Bus verpasst und war erst um 22:30 Uhr zu Hause.	?	?
5. Max hat seine Eltern angerufen.	?	?
6. Die Mutter von Max war wütend.	?	?

4 **Sieh den dritten Videoteil an (1:31 - 2:25). Wie geht der Satz weiter? Ordne zu.**

1. Die Freunde von Max gehen morgen ... → d
2. Die Bundesligakonferenz beginnt ...
3. Max verfolgt das Spiel ...
4. Max ist sicher, dass ...
5. Im Stadion sind ...

a. um 15:30 Uhr.
b. FC Bayern München 2:0 gewinnt.
c. 69.337 Zuschauer.
d. ins Kino.
e. live im Radio.

14

VIDEO

5 Nach dem Sehen. Ergänze den Text.

dabei | Akku | nach Hause | Party | Stadion | Bundesligakonferenz | Schalke | leer | gewinnt | verpasst | Hausarrest | Zimmer | wütend | zurückgekommen | verfolgen

Es ist 15:15 Uhr und Max ist in seinem (1) ?. Seine Freunde sind aber im (2) ? in München, denn heute spielt FC Bayern München gegen (3) ?. Max ist nicht (4) ?, weil er (5) ? bekommen hat. Vorgestern ist er 30 Minuten zu spät nach Hause (6) ?. Er war auf Tabeas (7) ?. Er hat dann leider den Bus (8) ?, so dass er erst um 23.00 Uhr (9) ? ist. Er wollte seine Eltern anrufen, aber der (10) ? von seinem Smartphone war (11) ?. Als er zu Hause angekommen ist, war sein Vater (12) ?. Bald fängt die (13) ? an. Max kann das Spiel im Radio (14) ?. Max ist sicher, dass Bayern gegen Schalke (15) ?.

6 Nach dem Sehen. Zu zweit. Max chattet mit einem Freund. Was antwortet Max? Lest die Fragen und ergänzt Max' Antworten.

Wo sind deine Freunde?

Sie sind ?.

Und warum bist du nicht auch dort?

?

Was ist denn passiert?

?

Warum hast du deine Eltern denn nicht angerufen?

?

Grammatikübersicht

1 Verben

1a Regelmäßige Verben

	wohnen	kommen	spielen	heißen	machen
ich	wohn-**e**	komm-**e**	spiel-**e**	heiß-**e**	mach-**e**
du	wohn-**st**	komm-**st**	spiel-**st**	heiß-**t**	mach-**st**
er / es / sie	wohn-**t**	komm-**t**	spiel-**t**	heiß-**t**	mach-**t**
wir	wohn-**en**	komm-**en**	spiel-**en**	heiß-**en**	mach-**en**
ihr	wohn-**t**	komm-**t**	spiel-**t**	heiß-**t**	mach-**t**
sie / Sie	wohn-**en**	komm-**en**	spiel-**en**	heiß-**en**	mach-**en**

genauso: *gehen, lernen, liegen, stehen, brauchen, ...*

1b Unregelmäßige Verben

	arbeiten	unterrichten	finden	tun
ich	arbeit-**e**	unterricht-**e**	find-**e**	tu-**e**
du	arbeit-**est**	unterricht-**est**	find-**est**	tu-**st**
er / es / sie	arbeit-**et**	unterricht-**et**	find-**et**	tu-**t**
wir	arbeit-**en**	unterricht-**en**	find-**en**	tu-**n**
ihr	arbeit-**et**	unterricht-**et**	find-**et**	tu-**t**
sie / Sie	arbeit-**en**	unterricht-**en**	find-**en**	tu-**n**

genauso: *kosten, reden, (er)warten, ...*

1c Verben mit Vokalwechsel

	fahren a → ä	treffen e → i	sprechen e → i	nehmen e → i	geben e → i	sehen e → ie
ich	fahr-**e**	treff-**e**	sprech-**e**	nehm-**e**	geb-**e**	seh-**e**
du	fähr-**st**	triff-**st**	sprich-**st**	nimm-**st**	gib-**st**	sieh-**st**
er / es / sie	fähr-**t**	triff-**t**	sprich-**t**	nimm-**t**	gib-**t**	sieh-**t**
wir	fahr-**en**	treff-**en**	sprech-**en**	nehm-**en**	geb-**en**	seh-**en**
ihr	fahr-**t**	treff-**t**	sprech-**t**	nehm-**t**	geb-**t**	seh-**t**
sie / Sie	fahr-**en**	treff-**en**	sprech-**en**	nehm-**en**	geb-**en**	seh-**en**

genauso: *ich esse, du isst ...; ich helfe, du hilfst ...; ich lese, du liest ...; ich gefalle, du gefällst ...; ich schlafe, du schläfst ...; ich wasche (mich), du wäschst (dich) ...*

1d Unregelmäßige Verben: *sein, haben, wissen*

	sein	haben	wissen
ich	**bin**	habe	weiß
du	**bist**	**hast**	weiß-**t**
er / es / sie	**ist**	**hat**	weiß
wir	**sind**	haben	wiss-**en**
ihr	**seid**	habt	wiss-**t**
sie / Sie	**sind**	haben	wiss-**en**

1e Präteritum von *sein* und *haben*

	sein	haben
ich	war	hatt-**e**
du	war-**st**	hatt-**est**
er / es / sie	war	hatt-**e**
wir	war-**en**	hatt-**en**
ihr	war-**t**	hatt-**et**
sie / Sie	war-**en**	hatt-**en**

1f Modalverben: *können, wollen, müssen, dürfen, mögen, möchten*

	können	wollen	müssen	dürfen	mögen	möchten
ich	kann	will	muss	darf	mag	möcht-**e**
du	kann-**st**	will-**st**	muss-**t**	darf-**st**	mag-**st**	möcht-**est**
er / es / sie	kann	will	muss	darf	mag	möcht-**e**
wir	könn-**en**	woll-**en**	müss-**en**	dürf-**en**	mög-**en**	möcht-**en**
ihr	könn-**t**	woll-**t**	müss-**t**	dürf-**t**	mög-**t**	möcht-**et**
sie / Sie	könn-**en**	woll-**en**	müss-**en**	dürf-**en**	mög-**en**	möcht-**en**

1g Trennbare Verben

	an•rufen	fern•sehen e → ie
ich	rufe ... an	sehe ... fern
du	rufst ... an	siehst ... fern
er / es / sie	ruft ... an	sieht ... fern
wir	rufen ... an	sehen ... fern
ihr	ruft ... an	seht ... fern
sie / Sie	rufen ... an	sehen ... fern

Trennbare Vorsilben:
ab•waschen, an•fangen, an•kommen, (sich) an•ziehen, auf•räumen, auf•stehen, aus•gehen, ein•kaufen, raus•bringen, zu•hören, zurück•fahren, zurück•kommen, ...

1h Imperativ (du / ihr / Sie)

	(du)	(ihr)	(Sie)
gehen	Geh!	Geht!	Gehen Sie!
machen	Mach!	Macht!	Machen Sie!
trinken	Trink!	Trinkt!	Trinken Sie!
an•rufen	Ruf ... an!	Ruft ... an!	Rufen Sie ... an!
zu•hören	Hör ... zu!	Hört ... zu!	Hören Sie ... zu!
antworten	Antworte!	Antwortet!	Antworten Sie!
organisieren	Organisiere!	Organisiert!	Organisieren Sie!
nehmen	**Nimm!**	Nehmt!	Nehmen Sie!
sprechen	Sprich!	Sprecht!	Sprechen Sie!
essen	Iss!	Esst!	Essen Sie!
schlafen	Schlaf!	Schlaft!	Schlafen Sie!
fahren	Fahr!	Fahrt!	Fahren Sie!
sein	Sei!	Seid!	Seien Sie!
haben	Hab!	Habt!	Haben Sie!

1i Perfekt

Partizip auf *-t*

	haben / sein		**Partizip auf *-t***
Was	**hast**	du im Urlaub	**ge**mach**t**?
Lea	**hat**	jeden Tag Tennis	**ge**spiel**t**.
Felix	**ist**	in Österreich	**ge**wander**t**.

Verben auf *-d/-t*:	baden → hat **ge**bad**et** arbeiten → hat **ge**arbeit**et**	Im Urlaub habe ich jeden Tag gebadet. Ich habe bis 20:00 Uhr gearbeitet.
Verben mit *Vokalwechsel*: (z. B. i → a)	bringen → hat **ge**brach**t**	Der Krankenwagen hat Daniel ins Krankenhaus gebracht.
Verben auf *-ieren*: (ohne ge-)	passieren → **ist** passier**t** (⚠ nur 3. Person Singular + *sein*) fotografieren → hat fotografier**t**	Was ist gestern passiert? Sami hat die Blaue Moschee fotografiert.

Partizip auf *-en*

	haben / sein		**Partizip auf *-en***
Veronika	**ist**	nach Italien	**ge**fahr**en**.
Sie	**hat**	dort viel	**ge**seh**en**.

⚠ **Verben mit Vokalwechsel:**
sprechen → hat **ge**sproch**en**, bleiben → ist **ge**blieb**en**, ...

Partizip bei trennbaren Verben

	haben / sein		**Partizip auf *-t/-en***
Louisa	**hat**	neue Leute	kennen**ge**lern**t**.
Hanna	**hat**	Essen und Getränke	ein**ge**kauf**t**.
Daniel	**ist**	zu spät in München	an**ge**komm**en**.
Kiki	**hat**	Daniels Eltern	an**ge**ruf**en**.

Partizip bei nicht-trennbaren Verben
(be-/emp-/ent-/er-/ge-/ver-)

	haben		**Partizip auf *-t/-en***
Daniel	**hat**	den Zug	verpass**t**.
Kiki	**hat**	Daniels Eltern alles	erzähl**t**.
Daniel	**hat**	am Morgen	verschlaf**en**.
Lea	**hat**	keine Einladung	bekomm**en**.

Perfekt mit *haben* oder *sein*

Perfekt mit *haben*:
- die meisten Verben (*hat gelernt, hat gemacht, hat gegessen, ...*)
- reflexive Verben (*hat sich gefreut, hat sich getroffen, hat sich angezogen, ...*)

Perfekt mit *sein*:
- Ortswechsel A → B (*ist gefahren, ist gegangen, ist gestürzt, ...*)
- Zustandswechsel (*er ist Lehrer geworden, er ist gestorben, ...*)
- bleiben (*ich bin zu Hause geblieben*), sein (*ich bin in Spanien gewesen*), passieren (*das ist passiert*)

1j Verben mit Dativ: *gehören, gefallen*

	maskulin		neutral		feminin		Plural	
Das T-Shirt gehört / gefällt …	dem einem meinem ihm	Freund	dem einem meinem ihm	Kind	der einer meiner ihr	Freundin	den – meinen ihnen	Freunden

1k Verb *lassen*

	lassen
ich	lass-**e**
du	läss-**t**
er / es / sie	läss-**t**
wir	lass-**en**
ihr	lass-**t**
sie / Sie	lass-**en**

Ich **lasse** den Teppich **reinigen**.
Ich **muss** den Teppich **reinigen lassen**.

1l Reflexive Verben

	sich ärgern
ich	ärger-**e** **mich**
du	ärger-**st** **dich**
er / es / sie	ärger-**t** **sich**
wir	ärger-**n** **uns**
ihr	ärger-**t** **euch**
sie / Sie	ärger-**n** **sich**

Ich ärgere **mich**.
Ich habe **mich** sehr geärgert.

1m Positionsverben *legen / liegen, stellen / stehen, setzen / sitzen, hängen*

Wohin? + Akkusativ	Wo? + Dativ
Ich **lege** den Teppich **auf den Boden**.	Der Teppich **liegt auf dem Boden**.
Ich **stelle** das Sofa **an die Wand**.	Das Sofa **steht an der Wand**.
Ich **setze** den Hund **auf das Sofa**.	Der Hund **sitzt auf dem Sofa**.
Ich **setze** mich **auf das Sofa**.	Ich **sitze auf dem Sofa**.
Ich **hänge** die Jacke **in den Schrank**.	Die Jacke **hängt im Schrank**.

2 Nomen

2a Genus

der	Film, Park, Supermarkt	maskulin
das	Kino, Fußballspiel, Schwimmbad	neutral
die	Eisdiele, Party, Schule	feminin

2b Plural

	Singular	Plural
-e	das Heft	die Hefte
¨e	der Stuhl	die Stühle
-n	die Stunde	die Stunden
-en	die Übung	die Übungen

	Singular	Plural
-	das Mäppchen	die Mäppchen
¨	der Apfel	die Äpfel
-er	das Bild	die Bilder
¨er	das Buch	die Bücher
-s	das Handy	die Handys

3 Artikel

3a Bestimmter Artikel im Nominativ, Akkusativ und Dativ

	Nominativ Das ist / sind ...	Akkusativ Ich sehe ...	Dativ mit ...
maskulin	der Hund	den Hund	dem Hund
neutral	das Buch	das Buch	dem Buch
feminin	die Tasche	die Tasche	der Tasche
Plural	die Hunde	die Hunde	den Hunden
	die Bücher	die Bücher	den Büchern
	die Taschen	die Taschen	den Taschen

3b Unbestimmter Artikel im Nominativ, Akkusativ und Dativ

	Nominativ Das ist / sind ...	Akkusativ Ich sehe ...	Dativ mit ...
maskulin	ein Hund	einen Hund	einem Hund
neutral	ein Buch	ein Buch	einem Buch
feminin	eine Tasche	eine Tasche	einer Tasche
Plural	- Hunde	- Hunde	- Hunden
	- Bücher	- Bücher	- Büchern
	- Taschen	- Taschen	- Taschen

3c Possessivartikel im Nominativ, Akkusativ und Dativ

ich	mein	Freund
du	dein	Freund
er	sein	Freund
es	sein	Freund
sie	ihr	Freund
wir	unser	Freund
ihr	euer	Freund
sie	ihr	Freund
Sie	Ihr	Freund

	Nominativ Das ist / sind ...	Akkusativ Ich sehe ...	Dativ mit ...
maskulin	mein Freund	meinen Freund	meinem Freund
neutral	mein Kaninchen	mein Kaninchen	meinem Kaninchen
feminin	meine Freundin	meine Freundin	meiner Freundin
Plural	meine Eltern	meine Eltern	meinen Eltern

genauso: *dein-, sein-, ihr-, unser-, euer-, ihr-, Ihr-*

4 Pronomen

4a Personalpronomen im Nominativ, Akkusativ und Dativ

Nominativ: Wer? Das bin / bist / ist ...	Akkusativ: Wen? Ich sehe ...	Dativ: Wem? mit ...
ich	mich	mir
du	dich	dir
er / es / sie	ihn / es / sie	ihm / ihm / ihr
wir	uns	uns
ihr	euch	euch
sie / Sie	sie / Sie	ihnen / Ihnen

4b Indefinitpronomen *man*

◆ Was spricht **man** in der Schweiz? ○ In der Schweiz spricht **man** Deutsch, Französisch und Italienisch.

4c Fragepronomen im Nominativ, Akkusativ und Dativ

Nominativ	Wer?	Wer ist der Mann da?
Akkusativ	Wen?	Wen findest du lustig?
Dativ	Wem?	Wem gehören die Tickets?

5 Fragewörter

Wo?	Wohin?	Woher?
Ich bin **in** Berlin.	Ich fahre **nach** Berlin.	Ich komme **aus** Berlin.
Ich wohne **in** Deutschland.	Ich fahre **nach** Deutschland.	Ich komme **aus** Deutschland.
Ich wohne **in der** Schweiz.	Ich fahre **in die** Schweiz.	Ich komme **aus der** Schweiz.
Ich bin **zu** Hause.	Ich gehe **nach** Hause.	
	Ich gehe **in die** Schule.	

Wann?
Der Unterricht beginnt **um** 8:00 Uhr.
Ich habe **am** 8. Oktober Geburtstag.
Im August war ich in Berlin.
Ich war **vom** 10. **bis (zum)** 13. September in Berlin.
Vor zwei Tagen war ich in Berlin.
Letzten Monat / Letztes Jahr / Letzte Woche war ich in Berlin.

6 Präpositionen

6a Wechselpräpositionen mit Akkusativ und Dativ

	Wohin? + Akkusativ	Wo? + Dativ
an	Ich hänge die Bilder **an die Wand**.	Die Bilder hängen **an der Wand**.
auf	Ich setze den Hund **auf das Sofa**.	Der Hund sitzt **auf dem Sofa**.
hinter	Ich lege die Zeitschriften **hinter das Sofa**.	Die Zeitschriften liegen **hinter dem Sofa**.
in	Ich stelle das Glas **in den Schrank**.	Das Glas steht **im Schrank**.
neben	Ich stelle den Mülleimer **neben den Tisch**.	Der Mülleimer steht **neben dem Tisch**.
über	Ich hänge die Lampe **über das Sofa**.	Die Lampe hängt **über dem Sofa**.
unter	Ich lege das Handy **unter das Sofa**.	Das Handy liegt **unter dem Sofa**.
vor	Ich stelle den Tisch **vor das Sofa**.	Der Tisch steht **vor dem Sofa**.
zwischen	Ich stelle den Sessel **zwischen das Sofa** und **den Schrank**.	Der Sessel steht **zwischen dem Sofa** und **dem Schrank**.

6b Lokale Präposition *zu*

Ich fahre zum Tennisclub / zum Fitnessstudio / zur Schule.
Ich bin **zu** Hause.

6c Temporale Präpositionen *um, am, vor, in, von ... bis (zu), seit*

um	◆ Um wie viel Uhr / Wann hast du Chorprobe?	○ **Um** drei Uhr.
am	◆ Wann hast du Geburtstag?	○ **Am** 8. Oktober.
vor + Dativ	◆ Wann bist du nach Berlin gefahren?	○ **Vor** einer Woche.
in + Dativ	◆ Wann warst du in Berlin?	○ **Im** August.
von ... bis (zu) + Dativ	◆ Wann warst du in Berlin?	○ **Vom** 10. **bis (zum)** 17. Juli. ○ **Von** Montag **bis** Freitag.
seit + Dativ	◆ Seit wann hast du Kopfschmerzen?	○ **Seit** einer Woche.

6d Präposition *von* und Genitiv bei Namen

Miro ist Viktoria**s** Hund.
Miro ist der Hund **von** Viktoria.
Das ist Viktoria**s** Familie.
Das ist die Familie **von** Viktoria.

6e Modale Präpositionen *für, ohne, mit*

für + Akkusativ	Hanna braucht ein Geschenk **für** ihre Freundin.
ohne + Akkusativ	Ich fahre nicht **ohne** meine Freundin in Urlaub.
mit + Dativ	Ich fahre **mit** meiner Freundin in Urlaub.

7 Satz und Satzstellung

7a Aussagesatz

Position 1	Position 2	Position 3
Ich	komme	aus Berlin.
Lea	wohnt	in München.
Wir	joggen	heute Nachmittag im Park.

7b *Ja / Nein*-Fragen

Position 1	Position 2	Position 3
Kommst	du	aus Berlin?
Wohnt	Lea	in München?
Joggen	wir	heute Nachmittag im Park?

7c W-Fragen

Position 1	Position 2	Position 3	Position 4
Wer	bist	du?	
Was	machst	du	heute Abend?
Was	kostet	das T-Shirt?	
Wie	heißt	du?	
Wie alt	bist	du?	
Wo	wohnt	Justine?	
Woher	kommt	Luca?	
Wohin	gehen	wir	heute Nachmittag?
Wann	gehst	du	in den Jugendclub?

7d Inversion

Position 1	Position 2	Position 3	Position 4
Ich	esse	zum Frühstück	Brot mit Marmelade.
Zum Frühstück	esse	ich	Brot mit Marmelade.

7e Trennbare Verben

Position 1	Position 2		Ende
Die Schule	**fängt**	um 8:00 Uhr	**an.**
Wann	**fängt**	die Schule	**an?**

7f Modalverben

Position 1	Position 2		Ende Verb im Infinitiv
Ich	**muss**	heute Nachmittag Mathe	**lernen.**
Wann	**musst**	du heute Mathe	**lernen?**

7g Infinitivsatz

- Hast du Lust, ins Kino zu **gehen**?
- Nein, ich habe keine Lust, ins Kino zu **gehen**.

7h Position von Akkusativ- und Dativpronomen im Satz

Position 1	Position 2	Position 3	Position 4
Ich	gebe	meinem Freund	mein Handy.
Ich	gebe	ihm	mein Handy.
Ich	gebe	es	ihm
Ich	gebe	es	meinem Freund.

8 Verneinung

8a Verneinung mit *kein*

Nominativ		Akkusativ	
kein Mantel	Das ist kein Mantel.	keinen Mantel	Ich brauche keinen Mantel.
kein T-Shirt	Das ist kein T-Shirt.	kein T-Shirt	Ich kaufe heute kein T-Shirt.
keine Hose	Das ist keine Hose.	keine Hose	Ich habe keine Hose.
keine Schuhe	Das sind keine Schuhe.	keine Schuhe	Ich kaufe keine Schuhe.

8b Verneinung mit *nicht* und *nichts*

Das Kleid ist **nicht** schön.
Ich komme heute **nicht**.
Julian spielt **nicht** Volleyball, sondern Fußball.

- Warum isst du **nichts**?
- Ich habe keinen Hunger.

8c Antwort mit *doch*

- Magst du keinen Joghurt?
- 🙂 **Doch**, ich mag Joghurt.

9 Wortbildung

9a Zusammengesetzte Nomen

die Kleider + der Schrank → der Kleiderschrank
der Fuß + der Ball → der Fußball
essen + der Tisch → der Esstisch
der Mittag + das Essen → das Mittagessen
der Schinken + das Brot → das Schinkenbrot
wohnen + das Zimmer → das Wohnzimmer
der Sport + die Hose → die Sporthose
stehen + die Lampe → die Stehlampe
der Sport + die Schuhe → die Sportschuhe

9b Nationalitäten und Berufe

der Österreicher	die Österreicherin
der Türke	die Türkin
der Deutsche	die Deutsche
der Lehrer	die Lehrerin
der Angestellte	die Angestellte
der Kaufmann	die Kauffrau

9c Tageszeiten und Wochentage

jeden Morgen → morgens
jeden Mittag → mittags
jeden Nachmittag → nachmittags
...
jeden Montag → montags
jeden Dienstag → dienstags
jeden Mittwoch → mittwochs
...

10 Konjunktionen

10a *sondern*

Der Sessel kommt nicht ins Schlafzimmer. Er kommt ins Wohnzimmer.
Der Sessel kommt nicht ins Schlafzimmer, **sondern** ins Wohnzimmer.
Das ist kein T-Shirt. Das ist ein Poloshirt.
Das ist kein T-Shirt, **sondern** ein Poloshirt.

10b *denn*

Opa Moritz ist besonders. Er schläft in der Badewanne.
Opa Moritz ist besonders, **denn** er schläft in der Badewanne.

10c *wenn*

Wenn ich Halsschmerzen **habe**, (dann) nehme ich Halstabletten.

Ich nehme Halstabletten, **wenn** ich Halsschmerzen **habe**.

10d *weil*

Ich ernähre mich gesund, **weil** ich fit bleiben **möchte**.

10e *dass*

Ich weiß, **dass** Sami viel Sport **macht**.

Frau Stein sagt, **dass** sie jeden Tag Obst und Gemüse **isst**.

Ich habe gehört, **dass** Frau Meier beim Arzt **war**.

Weißt du, **dass** Martina jeden Morgen um 6:00 Uhr **aufsteht**?

Es tut mir leid, **dass** der Teppich schmutzig **ist**.

11 Zahlwörter

Ordinalzahlen / Datum

Ich habe **am** achten Oktober Geburtstag.
Ich bin eine Woche geblieben, vom zehnten **bis (zum)** siebzehnten Juli.

Wann? → Am ... / Vom ... bis (zum) ...		
1. (**ersten**) August	8. (**achten**)	20. (zwanzig**sten**)
2. (zwei**ten**)	9. (neun**ten**)	21. (einundzwanzig**sten**)
3. (**dritten**)	10. (zehn**ten**)	22. (zweiundzwanzig**sten**)
4. (vier**ten**)	11. (elf**ten**)	...
5. (fünf**ten**)	12. (zwölf**ten**)	30. (dreißig**sten**)
6. (sechs**ten**)	13. (dreizehn**ten**)	...
7. (**siebten**)	...	

Alphabetische Wortliste

- Die alphabetische Wortliste enthält die Wörter dieses Kursbuches mit Nennung der **Lektion** und der Aufgabennummer. Angegeben ist jeweils das erste Vorkommen in den Lektionen.
  Beispiel: der **Arm**, -e 13 5
  Das Wort *Arm* kommt erstmals in *Lektion 13*, *Aufgabe 5* vor.
- Angaben in Klammern geben Zusatzinformationen zum Kontext, Beispiel: *auf•nehmen (Musik)*
- -e, -en, -er (etc.) = Endung im Plural / ¨-e = Plural mit Umlaut / - = Plural wie Singular
- Nomen mit der Angabe (Sg.) verwendet man in der Regel nur im Singular.
- Nomen mit der Angabe (Pl.) verwendet man in der Regel nur im Plural.
- Trennbare Vorsilben werden mit • angegeben.
- Folgende Abkürzungen werden verwendet:
  AU = Aussprache LK = Landeskunde PR = Projekt TR = Training VD = Video

A

der **Abfall, ¨-e** 14 LK
ab•horchen 13 VD, 1
das **Abhörgerät, -e** 12 13
ab•nehmen 12 TR, 1
ab•reisen 12 TR, 2
abwechselnd 14 PR
achten 13 28
Achtung! 14 LK
der **Agent, -en** 12 15
die **Agentin, -nen** 12 15
der **Akku, -s** 14 VD, 1
die **Allgemeinmedizin (Sg.)** 13 12
der **Amerikaner, -** 12 VD, 3
die **Amerikanerin, -nen** 12 VD, 3
amerikanisch 12 VD, 3
an 14 4
an•brennen 11 TR, 1
anderer/anderes/andere 12 17
ändern 13 TR, 4
der **Anfang, ¨-e** 13 TR, 1
das **Angebot, -e** 12 13
die **Angst, ¨-e** 13 11
an•melden (sich) 12 13
die **Anreise, -n** 12 17
der **Anstoß, ¨-e** 14 VD, 1
die **Architektur (Sg.)** 12 13
der **Ärger (Sg.)** 11 TR, 1
ärgern (sich) 11 VD, 1
der **Arm, -e** 13 5
Armer / Arme (Du ~!) 13 21
atemberaubend 12 13
der **Audioguide, -s** 12 13
auf•nehmen (Musik) 12 13
auf•nehmen (Personalien) 14 TR, 1
der **Aufstand, ¨-e** 12 VD, 1
auf•stellen 12 TR, 1
auf•wärmen 11 VD, 6
das **Auge, -n** 13 5
aus•atmen 13 1
ausgebucht sein 12 TR, 1
das **Ausgehen (Sg.)** 14 24
ausgeruht sein 13 25
ausgewogen 13 LK
aus•machen 13 2
aus•probieren 13 23
die **Ausrede, -n** 11 VD, 3
ausreichend 13 21
aus•schalten 13 17
außen 12 13
die **Aussicht, -en** 12 17
die **Aussichtsetage, -n** 12 13
die **Ausstattung, -en** 12 TR, 1
der **Austauschschüler, -** 14 LK
die **Austauschschülerin, -nen** 14 LK
die **Auswahl, -en** 12 LK
automatisch 13 TR, 1
der **Autoschlüssel, -** 14 TR, 2

B

der **Bäcker, -** 13 TR, 1
die **Backwaren (Pl.)** 13 TR, 1
der **Badeanzug, ¨-e** 12 12
die **Badehose, -n** 12 12
baden 11 1
der **Badesee, -n** 12 1
der **Badeurlaub, -e** 11 1
der **Ball, ¨-e** 13 28
der **Bauch, ¨-e** 13 5
bauen 11 LK
bedanken (sich) 14 23
bedienen (sich) 12 TR, 2
beenden 14 TR, 1
begehrt 12 TR, 1
begeistert sein 12 1
die **Begleitperson, -en** 12 TR, 4
das **Bein, -e** 13 5
belegt sein 12 TR, 1
bemerkenswert 12 LK
das **Benehmen (Sg.)** 14 24
beobachten 11 TR, 2
bereit•stehen 12 13
berichten 12 VD, 1
die **Berlinale (Sg.)** 12 LK
der **Berliner, -** 11 LK
die **Berlinerin, -nen** 11 LK
beschädigt sein 14 14
beschmieren 14 TR, 1
besichtigen 11 15
besorgen 12 4
besser 11 8
die **Besserung (Sg.)** 13 VD, 5
der **Besuch, -e** 12 1
besuchen 11 1
der **Betreuer, -** 11 TR, 2
die **Betreuerin, -nen** 11 TR, 2
die **Betriebswirtschaft (Sg.)** 12 1
bewegen (sich) 13 LK
die **Bewegung, -en** 13 PR
bieten 12 LK

der **Biomüll (Sg.)** 14 LK
der **Blick, -e** 12 13
der **Blutdruck (Sg.)** 13 VD, 1
der **Boden, ¨** 12 TR, 1
das **Bonbon, -s** 13 11
das **Boot, -e** 11 1
die **Bootsfahrt, -en** 12 8
die **Boutique, -n** 12 LK
das **Brandenburger Tor (Sg.)** 12 1
brechen 13 12
bremsen 11 TR, 1
bringen 11 12
die **Bronchitis (Sg.)** 13 1
die **Brücke, -n** 11 1
die **Brust, ¨-e** 13 5
buchen 12 4
das **Buffet, -s** 12 TR, 2
das **Bundesland, ¨-er** 12 LK
die **Bundesligakonferenz, -en** 14 VD, 1
die **Bundesrepublik Deutschland (BRD) (Sg.)** 11 LK
der **Bundestag (Sg.)** 12 13
der **Bürger, -** 12 VD, 1
die **Bürgerin, -nen** 12 VD, 1
die **Bushaltestelle, -n** 11 TR, 1
das **Bußgeld, -er** 14 2

C

das **Chaos (Sg.)** 14 1
der **Chef, -s** 11 TR, 1
die **Chefin, -nen** 11 TR, 1
die **Chips (Pl.)** 13 25
das **CO_2 (Kohlenstoffdioxid)** 13 TR, 1

D

dabei sein 11 LK
die **Dachterrasse, -n** 12 13
damals 11 LK
danach 11 22
danken 13 28
dazu 12 13
defekt 14 14
die **Dekoration, -en** 14 PR
deshalb 12 17
die **Deutsche Demokratische Republik (DDR) (Sg.)** 11 LK
die **Diagnose, -n** 13 VD, 6
die **Diät, -en** 13 17
dick 13 17
dieser, dieses, diese 11 VD, 3
diesmal 13 11
die **Diskussion, -en** 14 17
der **Doktor, -en** 13 2
dorthin 12 1
der **Drachenflieger, -** 12 VD, 1
drehen 12 13
das **Drehrestaurant, -s** 12 13
dumm 11 TR, 1
durch 11 1
dynamisch 12 LK

E

die **Ecke, -n** 14 8
ehrlich 13 28
eigentlich 11 TR, 2
ein·atmen 13 1
das **Einbettzimmer, -** 12 TR, 1
der **Einblick, -e** 12 13
der **Eindruck, ¨-e** 12 TR, 2
ein·fallen 13 TR, 4
einige 11 1
einigen (sich) 12 17
die **Einkaufsmöglichkeit, -en** 12 LK
die **Einkaufsstraße, -n** 12 LK
ein·laden 11 22
die **Einladung, -en** 11 17
die **Einrichtung, -en** 12 TR, 1
ein·sammeln 14 PR
ein·schalten 13 TR, 4
ein·schlafen 11 TR, 1
ein·schlagen 14 TR, 1
einstündig 12 13
einverstanden 12 PR
das **Einzelzimmer, -** 12 TR, 2
einziger/einziges/einzige 12 13
empfehlen 13 LK
die **Energie (Sg.)** 11 TR, 1
eng 14 TR, 1
entdecken 12 13
entschuldigen (sich) 14 20
die **Entspannungstechnik, -en** 13 LK
entstehen 14 TR, 1
enttäuscht sein 11 VD, 6
entweder ... oder 14 20
die **Entwicklung, -en** 12 LK
die **Erde (Sg.)** 14 LK
das **Ereignis, -se** 12 VD, 1
erfahren 12 13
die **Erfahrung, -en** 11 TR, 2
erinnern (sich) 14 20
die **Erkältung, -en** 13 16
die **Erlaubnis (Sg.)** 14 2
erleben 11 LK
das **Erlebnis, -se** 12 13
erleichtert sein 12 TR, 1
ernähren 13 28
die **Ernährung (Sg.)** 13 17
erschrecken (sich) 13 TR, 1
erst mal 11 8
erst recht 14 20
erwischen 13 28
etwa 13 LK
das **Europa (Sg.)** 12 LK
exotisch 12 LK
extra 12 13

F

der **Facharzt, ¨-e** 13 12
die **Fachärztin, -nen** 13 12
fahren 11 1
der **Fall, ¨-e** 13 28
fallen 11 LK
falsch 11 VD, 3
das **Familienzimmer, -** 12 TR, 1
fantastisch 12 13
feiern 11 22
das **Fenster, -** 14 8
das **Feriencamp, -s** 11 TR, 2
der **Fernsehturm, ¨-e** 12 1
das **Fertiggericht, -e** 13 LK
fest·halten 12 13

fest·stellen 11 TR, 1
das Fieber (Sg.) 13 1
das Filmfest, -e 12 LK
das Filmfestival, -s 12 LK
der Finger, - 13 5
die Firma, -en 12 3
die Firmenfeier, -n 14 1
fliegen 11 1
fliehen 12 VD, 1
der Flohmarkt, ¨e 12 LK
das Fluchtauto, -s 12 VD, 2
das Flugzeug, -e 13 TR, 1
der Fluss, ¨e 12 LK
der Forscher, - 13 LK
die Forscherin, -nen 13 LK
fotografieren 11 1
die Freude (Sg.) 11 LK
froh sein 14 20
fröhlich 11 12
das Frühstücksbuffet, -s 12 13
furchtbar 11 8
fühlen (sich) 13 LK
der Fuß, ¨e 13 5

G

der Gastgeber, - 14 TR, 1
die Gastgeberin, -nen 14 TR, 1
geben 11 17
der Gegenstand, ¨e 14 6
der Geheimagent, -en 12 13
die Geheimagentin, -nen 12 13
das Gehirn, -e 13 TR, 1
die Geldbörse, -n 12 11
gemeinsam 12 8
das Gepäck (Sg.) 13 TR, 1
gerade 13 TR, 5
gerecht 14 19
der Geschmack, ¨er 12 LK
das Gesicht, -er 13 17
gespannt sein 12 1
gestalten 14 PR
gestört 12 TR, 2
gestresst 13 LK, 1
die Gesundheit (Sg.) 11 TR, 1
getrennt 12 8
das Gewicht (Sg.) 13 17
gewinnen 11 15
gewöhnt sein 13 11
glatt 11 VD, 3
die Gliederschmerzen (Pl.) 13 VD, 1
Glück haben 11 12
glücklich 11 1
gratulieren 11 22
die Grenze, -n 11 LK
die Grippe (Sg.) 13 12
die Grünfläche, -n 12 LK
günstig 12 17
die Güte (Sg.) 13 VD, 5
gut·tun 13 17

H

die Halbpension (Sg.) 12 TR, 2
der Hals, ¨e 13 5
die Halsschmerzen (Pl.) 13 1
die Hand, ¨e 13 5
die Handtasche, -n 14 TR, 2
hängen (etwas) 14 4
hängen (jemand) 14 9
der Hauptbahnhof, ¨e 12 TR, 1
der Hausarrest, -e 14 16
der Hausarzt, ¨e 13 17
die Hausärztin, -nen 13 17
die Haut (Sg.) 13 17
der Heißluftballon, -s 12 VD, 1
her·geben 12 AU, 4
hervor·gehen 14 24
herzlich 13 28
hilfsbereit 12 6
hin·fahren 11 TR, 2
hin·kommen 12 17
höchstens 13 17
höchster/höchstes/höchste 12 13
die Höflichkeit (Sg.) 14 24
die Höhe, -n 12 13
humorvoll 12 7
husten 13 2
der Husten (Sg.) 13 9
der Hustensaft, ¨e 13 9
die Hütte, -n 11 TR, 2

I

der Imbiss, -e 12 17
individuell 14 LK
informieren 11 13
inklusive 12 TR, 1
innerhalb 14 TR, 1
intelligent 12 7
das Interesse, -n 12 13
interessieren (sich) 14 20
inzwischen 12 TR, 1
irgendwelche 14 2
irgendwo 14 TR, 2

J

jährlich 12 13
jammern 14 20
jemand 13 17
der Joghurtbecher, - 14 LK
die Jugendherberge, -n 12 TR, 1

K

der Kaffeefilter, - 14 LK
die Kamera, -s 12 11
der Kamillentee (Sg.) 13 9
der Kanal, ¨e 12 LK
das Kanu, -s 12 VD, 1
kaputt 11 TR, 1
die Karies (Sg.) 13 11
die Karte, -n 11 1
der Karton, -s 14 LK
kennen 12 1
die Kerze, -n 14 LK
die Kette, -n 12 4
das Kilo, -s 13 17
das Kissen, - 14 5
klappen 13 TR, 1
die Klassenfahrt, -en 12 TR, 2
das Klassenzimmer, - 14 12
das Klavier, -e 13 TR, 1
die Kleingruppe, -n 12 TR, 2
die Kletterhalle, -n 11 8

das **Kletterseil, -e** 12 12
klingeln 11 VD, 1
das **Klischee, -s** 14 LK
klug 12 7
die **Knabbereien (Pl.)** 13 25
das **Knie, -** 13 5
der **Koffer, -** 12 11
der **Komfort (Sg.)** 12 TR, 1
komisch 11 17
die **Kommunikation (Sg.)** 11 TR, 2
der **Kontrollpunkt, -e** 12 VD, 1
die **Konzentration (Sg.)** 13 TR, 1
der **Kopf, ⸚e** 13 5
die **Kopfschmerzen (Pl.)** 13 1
kostenlos 12 13
krank 13 1
der **Krankenwagen, -** 11 12
krass 13 TR, 5
das **Kriterium, -en** 13 LK
die **Kultur (Sg.)** 12 LK
kümmern (sich) 11 12
der **Kunststoff, -e** 14 LK
die **Kuppel, -n** 12 13
kurios 12 13

L

lange (Wie ~?) 11 8
die **Langeweile (Sg.)** 13 TR, 1
langfristig 13 17
langsam 13 2
der **Laptop, -s** 14 5
laut 13 11
lauten 13 VD, 6
das **Leben, -** 13 LK
lebensgroß 12 13
legen 14 9
leicht 12 TR, 2
liebsten (am ~) 12 1
der **Liter, -** 13 21
live 14 VD, 4
los sein 13 2
löschen 13 TR, 4
los·gehen 12 1

M

der **Magen, ⸚** 13 17
Mal (das nächste ~) 12 17
die **Mango, -s** 13 TR, 1
die **Massage, -n** 13 23
die **Mauer, -n** 11 LK
die **Maueranlage, -n** 12 VD, 2
der **Mauerfall (Sg.)** 12 13
der **Medienkonsum (Sg.)** 14 24
die **Mediennutzung (Sg.)** 13 TR, 3
die **Meditation, -en** 13 LK
die **Medizin (Sg.)** 13 12
mehrmals 12 1
meistens 11 8
die **Menge, -n** 13 LK
merken 13 TR, 1
messen 13 VD, 4
der **Metzger, -** 13 TR, 1
die **Million, -en** 12 13
mindestens 13 21
die **Mitfahrzentrale (Sg.)** 12 17
die **Mitte (Sg.)** 13 TR, 1
die **Mitternacht (Sg.)** 14 2
das **Modell, -e** 12 VD, 2
die **Moschee, -n** 11 1
Mühe geben (sich) 13 TR, 1
der **Mülleimer, -** 14 4
multikulturell 12 LK
der **Mund, ⸚er** 13 5
die **Museumsinsel, -n** 12 13
der **Musikbereich, -e** 12 13
das **Musikvideo, -s** 12 13
das **Müsli, -s** 13 25
die **Mütze, -n** 14 6

N

na ja 11 8
nach (lokal) 11 1
die **Nachricht, -en** 11 1
nach·schauen 14 TR, 2
die **Nachtruhe, -n** 14 17
die **Nase, -n** 13 5
das **Nasenspray, -s** 13 9
negativ 13 LK
Neues (etwas ~) 13 22
das **Notbett, -en** 12 TR, 1
die **Nuss, ⸚e** 13 TR, 1

O

ob 12 17
das **Objekt, -e** 12 13
offen 11 LK
öffentlich 14 TR, 1
offiziell 11 TR, 2
das **Ohr, -en** 13 5
das **Olympiastadion, -stadien** 12 1
die **Open-Air-Galerie, -n** 12 13
ordentlich 14 AU, 3
die **Ordnung, -en** 14 8
der **Ordnungsdienst, -e** 14 PR
organisieren 11 8
die **Orthopädie (Sg.)** 13 12
der **Osten (Sg.)** 11 LK
die **Ostsee (Sg.)** 11 15

P

die **Panik (Sg.)** 14 8
das **Papier (Sg.)** 14 LK
der **Papiermüll (Sg.)** 14 PR
die **Partnerklasse, -n** 11 1
der **Pass, ⸚e** 12 11
das **Pech (Sg.)** 11 TR, 1
peinlich 11 TR, 1
die **Personalie, -n** 14 TR, 1
die **Pfanne, -n** 11 VD, 6
die **Pflanze, -n** 14 5
der **Pickel, -** 13 17
das **Picknick, -s** 12 PR
die **Pinnwand, ⸚e** 14 PR
das **Plakat, -e** 12 VD, 1
das **Plastik (Sg.)** 13 TR, 1
plötzlich 11 12
die **Politik (Sg.)** 12 14
der **Politiker, -** 12 13
die **Politikerin, -nen** 12 13
die **Polizei (Sg.)** 14 2
der **Polizist, -en** 11 LK
die **Polizistin, -nen** 11 LK

Alphabetische Wortliste

das **Porzellan (Sg.)** 14 LK
positiv 11 TR, 1
die **Praxis, Praxen** 13 15
problemlos 12 17
produzieren 13 TR, 1
der **Programmpunkt, -e** 12 TR, 4
der / die **Prominente, -n** 12 14
der **Punkt, -e (Ort)** 12 13
der **Punkt, -e (Test)** 13 25
die **Pünktlichkeit (Sg.)** 14 LK

R

der **Rat (Sg.)** 14 TR, 3
der **Ratschlag, ¨-e** 14 TR, 3
rauchen 13 22
raus·gehen 13 TR, 1
reden 11 1
die **Regierungsviertel, -** 12 13
die **Regionalliga, -ligen** 11 22
der **Reichstag (Sg.)** 12 1
die **Reichstagskuppel (Sg.)** 12 13
reinigen 14 13
die **Reinigung, -en** 14 13
der **Reiseführer, -** 12 11
reisen 12 18
das **Reiseziel, -e** 12 TR, 4
reparieren 14 14
die **Reportage, -n** 13 28
die **Requisite, -n** 12 13
reservieren 12 4
der **Respekt (Sg.)** 14 LK
der **Rest, -e** 14 LK
der **Restmüll (Sg.)** 14 LK
das **Rezept, -e** 13 1
die **Rezeption, -en** 12 TR, 1
richtig (Adverb) 11 1
richtig (Adjektiv) 13 17
der **Ring, -e** 14 6
der **Rücken, -** 13 5
der **Rucksack, ¨-e** 12 12
das **Ruder, -** 14 TR, 1
rufen 11 14
die **Ruhestörung, -en** 14 2

S

der **Saal, Säle** 12 13
der **Sack, ¨-e** 14 LK
saisonal 13 TR, 1
die **Sauberkeit (Sg.)** 14 PR
sauer 11 TR, 1
der **Schaden, ¨-** 14 TR, 1
schaffen 11 22
die **Schale, -n** 14 LK
die **Scheibe, -n** 14 TR, 1
schieben 11 TR, 1
das **Schiff, -e** 13 TR, 1
schimpfen 13 TR, 1
der **Schlafplatz, ¨-e** 12 TR, 1
schließlich 11 TR, 1
schlimm 11 12
das **Schloss, ¨-er** 12 13
der **Schluss (Sg.)** 14 17
der **Schlüssel, -** 11 TR, 1
die **Schmerztablette, -n** 13 9
schmutzig 14 14
der **Schnupfen (Sg.)** 13 9
schriftlich 14 TR, 1
die **Schuld (Sg.)** 14 16
die **Schulklasse, -n** 12 TR, 2
die **Schulter, -n** 13 5
der **Sektor, -en** 12 VD, 1
das **Selfie, -s** 12 13
der **Seminarraum, ¨-e** 12 TR, 2
der **Senior, -en** 12 TR, 1
das **Seniorenheim, -e** 11 1
die **Serie, -n** 11 1
setzen (sich) 12 TR, 1
sicher 12 3
das **Silvester (Sg.)** 13 TR, 1
sinken 12 LK
die **Situation, -en** 14 TR, 3
skaten 11 12
der **Skateplatz, ¨-e** 11 12
der **Skater, -** 11 12
die **Skaterin, - nen** 11 12
die **Skizze, -n** 14 6
das **Smartphone, -s** 13 TR, 1
der **Sofatisch, -e** 14 5
der **Soldat, -en** 12 VD, 1
die **Soldatin, -nen** 12 VD, 1
sollen 13 17
die **Sommerferien (Pl.)** 14 TR, 3
der **Song, -s** 12 13
die **Sorge, -n** 14 TR, 3
das **Souvenir, -s** 12 1
sowieso 13 17
das **soziale Netzwerk, -e** 13 TR, 1
spartanisch 11 TR, 2
der **Spaziergang, ¨-e** 12 1
spielen 12 1
der **Spion, -e** 12 13
die **Spionage (Sg.)** 12 13
die **Spionin, -nen** 12 13
die **Sprechstunde, -n** 13 12
die **Sprechzeiten (Pl.)** 13 12
die **Stadtbesichtigung, -en** 12 PR
die **Stadtrundfahrt, -en** 12 1
ständig 12 LK
der **Star, -s** 12 13
staub·saugen 14 8
der **Staubsaugerbeutel, -** 14 LK
stecken 14 TR, 2
steigen 12 LK
stellen 14 9
der **Stoff, -e** 14 LK
stop 14 10
die **Strafe, -n** 14 2
der **Strand, ¨-e** 11 15
die **Strategie, -n** 13 LK
streichen 14 14
streiten (sich) 14 20
streng 14 23
die **Stressbewältigung (Sg.)** 13 LK
stundenlang 13 TR, 4
stürzen 11 12
die **Süßigkeiten (Pl.)** 13 11
die **Szene, -n** 12 LK

T

die **Tablette, -n** 13 1
tagsüber 11 1
das **Taschengeld (Sg.)** 14 17
der **Teebeutel, -** 14 LK
der **Teilnehmer, -** 11 TR, 2

die **Teilnehmerin, -nen** 11 TR, 2
die **Teilung, -en** 12 VD, 1
telefonisch 14 TR, 1
das **Thermometer, -** 13 1
das **Ticket, -s** 12 4
tief 13 2
der **Tierpark, -s** 12 8
der **Tipp, -s** 12 13
die **Tonne, -n** 14 LK
das **Tor, -e** 12 1
die **Torchance, -n** 11 VD, 3
total 11 1
traditionell 12 LK
das **Treffen, -** 12 1
trennen (sich) 12 17
trotz 13 LK

U

das **Übergewicht (Sg.)** 13 17
überlegen 12 4
übermorgen 12 TR, 2
übernachten 11 TR, 2
überraschend 14 24
überspringen 12 VD, 1
übertreiben 14 17
um·setzen 14 PR
um·stellen 14 12
umweltbewusst 13 TR, 1
unbedingt 12 1
unbekannt 14 TR, 1
der **Unfall, ¨e** 11 13
die **Universität, -en** 12 1
unmöglich 14 16
unordentlich 14 25
unpünktlich 14 LK
unter·bringen 11 TR, 2
die **Unterbringung, -en** 12 TR, 4
untereinander 14 20
untergebracht sein 12 TR, 2
das **Untergeschoss, -e** 12 TR, 2
unterhalten (sich) 14 20
die **Unterkunft, ¨e** 11 TR, 2
untersuchen 13 1
unterwegs 12 13
unvollständig 11 VD, 3

V

die **Vase, -n** 14 LK
verbieten 14 TR, 3
vereinbaren 12 4
die **Vereinbarung, -en** 13 12
verfolgen 14 VD, 1
vergeben 11 VD, 3
vergleichen 14 7
verletzen (sich) 11 12
vermissen 14 20
die **Vermutung, -en** 14 2
vernünftig 13 17
die **Verpackung, -en** 13 TR, 1
verpassen 11 12
die **Verpflegung, -en** 12 TR, 2
verschlafen 11 12
verschreiben 13 VD, 4
das **Verständnis (Sg.)** 13 17
verstecken (sich) 12 VD, 1
versuchen 13 TR, 1
der/die **Verwandte, -n** 11 1
verzichten 13 26
die **Verzweiflung (Sg.)** 14 TR, 1
vielfältig 12 LK
voll 11 13
völlig 12 TR, 1
volljährig 14 TR, 3
die **Vollpension** 12 TR, 2
die **Vorbereitung, -en** 12 4
vorgestern 11 18
vor·haben 12 TR, 2
vorher 11 8
vorhin 14 2
vor·nehmen (sich) 13 TR, 1
der **Vorsatz, ¨e** 13 TR, 1
der **Vorschlag, ¨e** 12 PR
vor·schlagen 13 TR, 1
die **Vorsorge (Sg.)** 13 28
vor·stellen 12 TR, 3
vor·stellen (sich) 11 14
die **Vorstellung, -en** 12 17

W

wachsen 13 TR, 1
die **Wachsfigur, -en** 12 13
das **Wachsfigurenkabinett, -e** 12 8
wahnsinnig 11 1
die **Wahrheit (Sg.)** 11 VD, 3
das **Wahrzeichen, -** 12 13
die **Wand, ¨e** 14 4
wandern 11 1
der **Wanderstock, ¨e** 12 12
die **Wanderung, -en** 11 TR, 2
die **Ware, -n** 13 TR, 1
warten 11 TR, 1
das **WC, -s** 12 TR, 1
der **Wecker, -** 11 12
wegen 14 2
weg·werfen 14 8
weh·tun (sich) 11 12
der **Weihnachtsmarkt, ¨e** 12 17
weinen 11 LK
weiter·leiten 14 TR, 1
weiter·verbreiten 14 TR, 1
weltbekannt 12 13
die **Weltgesundheitsorganisation (Sg.)** 13 LK
wem (Mit ~?) 11 8
der **Westen (Sg.)** 11 LK
wieder·sehen 11 15
das **Wiedersehen (Sg.)** 12 1
die **Wiedervereinigung (Sg.)** 12 LK
wiegen 13 17
der **Wille (Sg.) (Um Himmels ~!)** 14 2
wischen 14 8
die **Wissenschaft, -en** 12 LK
witzig 12 7
wohl·fühlen (sich) 13 VD, 4
das **Wunder, -** 12 TR, 1
wunderbar 12 8
wünschen 13 11
wütend 14 VD, 3

Y

das **Yoga (Sg.)** 13 28

Z

der **Zahn, ¨-e** 13 5
das **Zeichen, -** 14 LK
zeichnen 14 7
die **Zeitgeschichte (Sg.)** 12 13
die **Zeitschrift, -en** 13 LK
der **Zeitzeuge, -n** 11 LK
zerbrechen 14 2
zerstören 14 TR, 1
ziehen 12 1
zuerst 11 22
zuletzt 11 8
zurück·denken an 12 3
zurzeit 13 21
die **Zusammenarbeit (Sg.)** 12 3
zusammen·setzen (sich) 13 TR, 1
zusammen·stoßen 11 12
zu·sehen 12 13
das **Zweibettzimmer, -** 12 TR, 1

Quellenverzeichnis

Cover: Mädchen oben © Getty Images/iStock/Halfpoint, Junge © Victor Koldunov - stock.adobe.com, Mädchen unten © Getty Images/iStock/Valeriy_G; Hintergründe: Buchstabe T © Getty Images/E+/Generistock, Buchstabe E © Getty Images/iStock/Alex, Buchstabe A © Getty Images/iStock/Julio Ricco, Buchstabe M © Getty Images/iStock/Sami Sert

Umschlagkarte: Kartografie-Service: © www.landkarten-erstellung.de HF/AB

Wegweiser, Inhalt: s. die jeweiligen Seiten

Fotos Innenteil:

S. 8: Istanbul © Getty Images/E+/damircudic, Strand © Getty Images/iStock/wallix, Verona © Getty Images/iStock/Medvedkov

S. 9: Illustrationen: schwimmen, Foto, Ball, Kuchen, Schiff © streptococcus - stock.adobe.com, Spielkarten © Getty Images/iStock/Sudowoodo, Unterricht © Getty Images/iStock/YoGinta; Gruppenarbeit © Thinkstock/Wavebreak Media

S. 10: Gruppenarbeit © Getty Images/E+/SDI Productions, Felix © Getty Images/iStock/baramee2554, Tina © Getty Images/E+/Delmaine Donson, Sara © Getty Images/iStock/Antonio_Diaz

S. 11: 1 © Getty Images/E+/urbazon, 2 © Getty Images/iStock/DisobeyArt, 3 © Getty Images/iStock/DisobeyArt, 4 © fotolia/Goss Vitalij, 5 © Getty Images/iStock/KatarzynaBialasiewicz, Kiki © Thinkstock/iStock/Massonstock

S. 12: Mädchen © Getty Images/E+/kate_sept2004, Gruppe © Getty Images/iStock/IPGGutenbergUKLtd

S. 16: Strand © Thinkstock/iStock/catolla, Badetuch © Getty Images/iStock/Liudmila Chernetska, Lachs © Thinkstock/iStock/gbh007, fernsehen © Getty Images/E+/franckreporter, tanzen © Thinkstock/iStock/Jacob Wackerhausen

S. 17: Mauerfall © Getty Images/iStock editorial/RolandBlunck, Mann © Getty Images/iStock/stockfour

S. 21: Jo © Getty Images Plus/iStock/Damir Khabirov, Franka © Getty Images/iStock/SDI Productions

S. 22: Berge © Getty Images/iStock/MichaelUtech, Hütte © Getty Images/iStock/Christian Peters

S. 23: Sonja © Getty Images/iStock/Nikkolia, Mädchen mit Handy © Shutterstock.com/Cookie Studio, am Frühstückstisch © Getty Images/iStock/JackF

S. 26: Brandenburger Tor © Thinkstock/iStock/elxeneize

S. 28: Gruppe © Getty Images/iStock/SeventyFour, Mädchen © Getty Images/E+/shapecharge

S. 30: Olympiastadion © PantherMedia/topas, Brandenburger Tor © Thinkstock/iStock/elxeneize, Alex © Thinkstock/iStock/ConorCrowePhoto, Kamera © Getty Images/iStock/mbbirdy, Pass © fotolia/EHammerschmid, Portemonnaie © Thinkstock/iStock/shuravaya, Handy © Getty Images/iStock/scanrail, Koffer © Thinkstock/iStock/mipan, Tickets © fotolia/The Russian Negresco

S. 31: Taschenrechner © Getty Images/iStock/kroach, Fahrrad © fotolia/Julián Rovagnati, Ball © Thinkstock/iStock, Seil © Thinkstock/iStockphoto, Badehose © Thinkstock/iStock/Danish Khan, Badeanzug © Vita - stock.adobe.com, Rucksack © Thinkstock/iStock/kapulya, Stöcke © klotz/123rf.com, Buch © Shutterstock.com/Tatiana Popova, Gitarre © Getty Images/iStock/TPopova

S. 32: 1 © action press/ZICK, JOCHEN, 2 © Getty Images/iStock/Vadym Plysiuk, 3 © vinci81 - stock.adobe.com, 4 © Getty Images/iStock/mbbirdy, 5 © MEV, 6 © Getty Images/iStock/steglitzer, Berliner Bär © Mathias Weil - stock.adobe.com

S. 33: Schüler © Getty Images/E+/kali9, Berlin © MEV

S. 34: Reichstag © iStockphoto/querbeet

S. 35: Berlin © Thinkstock/iStock/bluejayphoto

S. 37: Berliner Bär © Mathias Weil - stock.adobe.com, Berlin © Thinkstock/iStock/draghicich, Kurfürstendamm © Getty Images/iStock/querbeet, Siegessäule © Getty Images/iStock/spinout, Berlinale © PantherMedia/tanka_v, Essen © Getty Images/E+/lechatnoir

S. 40: Weltuhr © Thinkstock/iStock/ConorCrowePhoto, Brandenburger Tor © Thinkstock/iStock/elxeneize

S. 41: Juhe © Getty Images/E+/filadendron

S. 45: Mann © Getty Images/iStock/4x6, Frau © Kaesler Media - stock.adobe.com

S. 46: Halstabletten © Getty Images/iStock/subjug, Hustensaft © Getty Images/E+/duckycards, Nasenspray © Getty Images/iStock/Dirk-Rietschel, Tabletten © Andrey Khritin - stock.adobe.com, Tee © Getty Images/iStock/rezkrr, Mädchen © Getty Images/iStock/Deagreez, Herr Blum © Getty Images/iStock/opolja, Frau Specht © Shutterstock.com/Aila Images, Jana © Shutterstock.com/Antonio Guillem, Max © Shutterstock.com/dotshock

S. 47: Illustration Zahn © Getty Images/iStock/Topdesigner, Illustration Knie © Getty Images/iStock/cirquedesprit, Junge © Getty Images/iStock/Halfpoint

S. 49: Mädchen © Getty Images/E+/Nikada

S. 50: Elias © Getty Images/E+/Phynart Studio, Schule © Getty Images/iStock/JackF, Frau Bondok © Thinkstock/iStock/OcusFocus

S. 51: Obst und Gemüse © Thinkstock/iStock/AlinaMD

S. 52: Frau © Getty Images/iStock/svetikd

S. 53: Unterricht © Shutterstock.com/Monkey Business Images, Zahnschmerzen © Shutterstock.com/Cookie Studio

S. 56: Markt © Getty Images/iStock/MARIA PAVLOVA, joggen © Getty Images/E*/martin-dm, Kopfschmerzen © Getty Images/PeopleImages, schlafen © Getty Images/iStock/vadimguzhva

Quellenverzeichnis

S. 58: Frau © Getty Images/iStock/svetikd, Nasenspray © Getty Images/iStock/DirkRietschel, Tabletten © Getty Images/iStock/subjug, Tee © Getty Images/iStock/rezkrr

S. 59: Kaya © Getty Images/E+/xavierarnau, Finn © Getty Images/iStock/max-kegfire, Luisa © Getty Images/iStock/m-imagephotography

S. 61: schwimmen © Shutterstock.com/Andrei Armiagov, Handball © Thinkstock/iStock/imagean, Matte © iStock/D-Ozen, Tennis © irisblende.de, joggen © Thinkstock/iStock/pojoslaw, radfahren © Getty Images/iStock/Kerkez, fußballspielen © iStockphoto/apelletr, tanzen © PantherMedia/Martin Kosa

S. 64: Zimmer © Shutterstock.com/Bondar Illia, Mädchen © Getty Images/iStock/AaronAmat, Junge © Getty Images/iStock/Egoitz Bengoetxea Iguaran

S. 65: Illustrationen Ortsangabe mit Apfel © Thinkstock/iStock/aekikuis, Illustration Glas © Glitter_Klo - stock.adobe.com, Löffel © Soulsisz - stock.adobe.com, Teddy © Getty Images/DigitalVision Vectors/TongSur, Kleiderbügel © Getty Images/iStock/Herba Mykhailo, Wohnzimmer © Getty Images/Westend61

S. 67: Mädchen © Getty Images/iStock/AaronAmat, Junge © Getty Images/iStock/Egoitz Bengoetxea Iguaran; Übung 9: Tisch © iStockphoto/arsenik, Zeitung © Getty Images/E+/chictype, Junge auf Sofa © Getty Images/iStock/Ljupco, Fenster © Getty Images/E+/phototropic, Sofa © Getty Images/iStock/Ljupco, Spülmaschine © Thinkstock/iStock/Brezina, Teppich © fotolia/euthymia, Parkett © Ivaylo - stock.adobe.com, Bild aufhängen © Getty Images/iStock/Pavel Muravev, Lampe © Thinkstock/Hemera/Margo Harrison

S. 68: Mutter und Sohn © Getty Images/iStock/Egoitz Bengoetxea Iguaran

S. 69: Schule © Getty Images/E+/martinedoucet, Mädchen © Getty Images/E+/Ridofranz

S. 70: Mutter, Sohn © Getty Images/iStock/Egoitz Bengoetxea Iguaran, Vater © Getty Images/iStock/monkeybusinessimages

S. 71: Mutter und Sohn © Getty Images/iStock/Egoitz Bengoetxea Iguaran, Adrian © Thinkstock/Hemera, Evgenia © Thinkstock/iStock/Antonio_Diaz, Mohsin © Thinkstock/iStock/spfoto

S. 72: Schüler © Thinkstock/iStock/Wavebreakmedia

S. 74: Uhr © Getty Images/iStock/LDProd, Rohstoffe © Getty Images/iStock/FotoMaximum, Illustration Container © Getty Images/iStock/bestsale

S. 75: Illustration Glas © Glitter_Klo - stock.adobe.com, Löffel © Soulsisz - stock.adobe.com, Teddy © Getty Images/DigitalVision Vectors/TongSur, Kleiderbügel © Getty Images/iStock/Herba Mykhailo

S. 76: Illustrationen Ortsangabe mit Apfel © Thinkstock/iStock/aekikuis

S. 77: Segelschiff © Getty Images/iStock/Stefan Ilic, aufräumen © Shutterstock.com/Greens and Blues

S. 78: Vater und Tochter © Getty Images/E+/SolStock

S. 80: Junge links © Shutterstock.com/Dean Drobot

Alle nicht genannten Fotos von Loescher Editore, Torino

Produktionsfotos: Sabine Felber, Berlin

Bildredaktion: Cornelia Hellenschmidt, Hueber Verlag, München

Inhalt der Audios:

Sprecherinnen und Sprecher: Robert Braun, Jele Flügge, Fabian von Klitzing, Sabine König, Michael Krueger, Jens Liedtke, Kristin Perndl, Christian Pfadenhauer, Dirk Ploenissen, Irina Roknic, Manuel Scheuernstuhl, Katharina Von Daake, Dascha von Waberer, Lilith von Waberer, Léa Wegmann, Katharina Weyland, Nils Weyland, Lara Wurmer

Produktion: Networks srl, 20154 Mailand, Italien (2015) und Atrium Studio Medienproduktion GmbH, München, Deutschland (2024)

Inhalt der Videos:

Schauspielerinnen und Schauspieler: Marcel Chelard, Dr. med. Timo Czech, Lisa Haase, Anna Kätzow, Tizian Kracht, Leonie Hagemann, Daniela Helmuth, Josefine Jellinek, Janina Lniany, Nuschin Mechkat, Daniel Mele, Leon Meschke, George Nickels, Richard Marius Schlegelmilch, Maria-Nivara Sorian y Kirsch, Paula Lotta Symanowski, Christa Thaler, Rubini Zöllner

Produktion: Literaturtest GmbH & Co. KG, Berlin, Deutschland und Zenit Arti Audiovisive, Turin, Italien